나오미뎐

나오미 뎐

초판발행 2025년 6월 15일
지은이 다니엘 오
펴낸곳 도서출판 새벽별
주소 대전시 중구 모암로 24
전화 042-273-3927
이메일 ms4us@outlook.kr
출판등록 2000년 7월 27일 제365-3650000251002000000002호
디자인 CROSS-765
총판 기독교출판유통 (0317-906-9191)
ISBN 979-11-987844-2-1 (03200)

이 책은 도서출판 새벽별이 저작권자와의 계약에 따라 발행한 것이므로
본사의 서면 허락 없이는 어떠한 형태의 수단으로도 이 책의 내용을 이용하지 못합니다.
잘못된 책은 교환하여 드립니다.
책값은 뒤표지에 있습니다.
본서에 인용한 성경 구절은 주로 개역한글판을 사용했습니다.

복음이 자라는 토양

나오미뎐傳

다니엘 오

새벽별

서문

이 책은 룻기의 주석이 아니다.
교훈을 도출하려는 큐티집도 아니다.
룻이라는 인물의 미담을
다시 엮은 이야기와도 거리가 있다.

이 책은,
철저히 무너진 한 여인의 신앙,
무너질 수밖에 없었던 시간과 감정을
조심스레 함께 따라 걸은 기록이다.

우리는 룻기를 펼칠 때면

룻과 보아스의 운명적인 만남과 사랑에 집중하곤 한다.
하지만 그 장면은 회복의 결과이지, 원인이 아니다.

그보다 앞서 성경은
낯설고도 무거운 문장을 먼저 건넨다.
"나를 나오미라 부르지 말고 나를 마라라 부르라"(룻 1:20).

이것은 고통이 한 여인의 이름을 바꿔버린 순간이다.
잇따른 비극이 삶의 의지를 꺾고,
정체성을 지탱하던 마지막 힘마저 앗아간 장면이다.

'나오미'는 기쁨이라는 뜻의 이름이다.
그러나 그녀는 더 이상 그 이름을 부르지 않는다.
자기 자신을 마라,
곧 '쓴물',
'고통'이라 고쳐 부른다.

불편한 자리이다.
누구도 오래 머물고 싶지 않다.

이런 장면은 서둘러 지나가고 싶어진다.

성경이 책이라는 사실이
이럴 땐 편리하다.

빠르게 읽고, 흐린 눈으로 넘기며,
결말만 향해 달리면 그만이다.

나오미가 잘못했으며,
언약의 땅을 떠난 결과라며 단정 짓고,
회개와 반성을 재빠르게 끌어오며,
그녀의 삶에 '반면교사'라는 딱지를 붙인다.

그러고는 보아스를 불러오라고,
룻과의 사랑 이야기를 들려달라고,
성경의 행간을 마음대로 뛰어넘는다.

우리의 이런 성경 독법은
십자가를 대할 때도 어김없이 드러난다.

우리가 읽는 방식대로라면,
예수님은 즉시 부활하신다.
무덤에서 사흘 동안 썩은 그 육신은
없던 일이 되어버리고,
따르던 무리가 겪은 상실의 날들도 사라진다.

하지만 성경의 호흡은,
고통과 절망의 장면에서
유독 느리게 흐른다.

본문에 조용히 귀 기울이고,
그 느린 호흡을 따라갈 때야
비로소 도달할 수 있는 여백이
성경 곳곳에 있다.

그런 면에서 룻기는 여백의 이야기이다.
큰 소동 없이 지나가지만,
몸짓 하나, 눈짓 하나,
그 모든 곳에 마음이 담긴 이야기이다.

나오미와 룻은
경험한 상실을 모두 증언하지 못했다.
그럼에도 그들은 계속 살아냈다.

움직이고, 기대고, 견디고, 속삭이며,
고통 속에서도 생존의 실마리를 붙좇았다.

그래서 우리도, 잠시 느리게 머물고 싶다.
왜냐하면, 그런 불편한 장면에서야말로
회복의 서사가 움트기 시작하기 때문이다.

룻기의 이야기를 통해 우리는
조금 늦게, 곱씹으며
성경 지면을 걸어보려 한다.

나는 『야곱뎐』에서,
미달자가 선택받은 뒤 겪은 고난을 따라갔다.
『요나뎐』에서는,
사명을 벗고 도망친 선지자를 뒤쫓았다.

그들의 삶을 치밀하게 좇으며,
"하나님은 누구를 붙드시는가?"를 묻고 또 물었다.

『약속하신부』에서는,
돈과 경제의 영역에서도
주님의 흔적을 더듬었다.

그 결과,
나는 우리 모든 걸음을 인도하시는 하나님을 발견했다.
'오직 은혜'라는 고백은
단지 경건한 언어가 아니었다.
그것은 성경 전체가 흘러간 방향이었다.

『나오미뎐』에 이르러서는,
그 은혜가 어디까지 닿을 수 있는지를,
나는 다시 묻고 있다.

하나님은,
은혜를 구하지도 못하고

고백조차 할 수 없으며

그저 피투성이로 살아남은 존재도 기억하실까?

룻기에서도,

『나오미뎐』에서도,

나오미는 설교하지 않는다.

간증하지 않고,

증언하지도 않는다.

다만,

비굴하게 살아남고,

옅은 숨을 쉬며,

말 없는 하나님을 향해 가만히 서 있을 뿐이다.

이 책은 그녀의 침묵과 불평,

냉소와 절망,

그리고 그 바닥에서 은밀히 스며드는

은혜의 잔물결에 관한 이야기이다.

무너짐이 끝이 아니라
복음의 뿌리가 될 수 있음을
성경이 말하고 있음을
고요히 증언하고자 한다.

이 책 안에는
믿음이 없어서가 아니라
상처가 너무 깊어 말할 수 없었던 자의 고백과,
그 고백조차 끝내 들으시는
하나님의 신실하심이 담겨 있다.

이 책은 '어떻게 회복할 것인가'를 묻지 않는다.
오히려 이렇게 묻는다:

회복이라는 말조차 꺼낼 수 없는 이에게,
하나님은 어떻게 먼저 다가오시는가?

만약 지금,
하나님의 이름조차 부르지 못하는 시간을 지나고 있다면

이 이야기가 그 고요 속에서도
당신을 기억하시는 하나님을
은밀히, 그러나 생생히 증언하길 바란다.

그리고 언젠가,
당신의 밤의 끝에서도
은혜의 숨결이 또렷한 위로로 스며들길 기도한다.

이 기도가 성경적 근거가 있는
간청이 되기 위해서
그 은혜의 숨결을 성경 본문을 더듬으며 찾았다.

그리고 마침내,
빛나는 신앙의 인물 곁에서
늘 그림자처럼 가려져 있던
한 사람의 이름에 고스란히 담긴,
주님의 숨결을 발견했다.

그녀의 침묵 속에서 시작된 복음의 숨결,

그 장면을 다시 꺼내어 읽는다.

잊혔던 한 사람의 이름 안에
하나님이 숨기신 은혜를 발견했기에,
이 책은 『나오미뎐』이라 불려야 했다.

신앙은 말하는 자의 것만이 아니다.
설명할 수 없는 삶 속에서도,
말없이 하나님께 붙들린 사람이 있다.

나오미는 그런 사람이었다.
하나님께 담대히 구하지는 못했지만,
그 손길 앞에서 끝내 등을 돌리지도 못했던 사람.

누군가의 결정을 따라 떠났고,
누군가의 부재 속에 홀로 남겨졌으며,
누군가의 침묵 안에서 고통당한 사람이었다.

우리는 종종,

말하지 못하는 자의 신앙을 지나쳐 왔다.

그들이 들려주지 않았기 때문이 아니라

우리가, 듣지 않았기 때문이다.

그러나 룻기의 마지막 족보는

바로 그 침묵 속에서 시작된다.

이제 우리는

이 이야기의 무대를 다시 세우려 한다.

말하는 자가 아니라, 말하지 않는 자의 자리에서.

축복의 수혜자가 아니라, 회복의 통로였던 이의 시선으로.

말하지 못했던 나오미에게

하나님이 어떻게 응답하셨는지를 따라가 보자.

발화중독의 신앙 끝에서,

우리가 잊고 말았던 고요한 복음의 자리로 돌아가,

다시, 귀 기울여보자.

목차

서문 _4
프롤로그 - 이름이 지워진 자리에서 복음은 시작된다 _19
일러두기 _23

1장 - 언약 밖의 여인, 언약의 땅으로
기근과 떠남, 말하지 못한 자의 이야기 _27
해명하지 못한 여인들 _38
모압은 심판대였나 _47
기적이 아닌 기다림 _53

2장 - 나오미가 아니라 마라라 하라
셋은 사랑했지만, 남은 자는 둘 _61
여호와의 손이 나를 치셨다 _68
이름을 감당할 수 없던 여인 _78
거부된 청원 _82

3장 - 아무 일도 일어나지 않는 날들
밭에 나간 룻, 남은 나오미 _89
일상에 스며든 인자 _96
예비하신 자리로 _106
무너진 자의 손길 _110

4장 - 믿음 없는 사랑, 지식 없는 순종
계획하는 나오미 _121
조심스러운 밤길에서 _129
보아스의 응답, 하나님의 질서 _133
그저 룻을 위해 _139

5장 - 잊히지 않는 구속
이름 없는 가까운 자 _147
의무보다 마음이 앞선 자 _156
사이에 선 두 여인 _163
어느 밤 _169

6장 - 텅 빈 품, 안긴 아기
룻의 출산, 나오미의 품 _173
품 안의 아기, 대신 울어주는 복음 _183
결국 살아낸 여인, 여백에 머물다 _192

7장 - 복음의 토양
그 끝엔 계보가 _201
복음은 말 없는 자리에서 시작한다 _205
기록되지 않은 이름들 _215

8장 - 끝내 기억된 이름
마라라고 부른 사람은 _223
하나님의 지지 않는 사랑 _229
전지하신 주님 _234

에필로그 - 침묵에 피어난 복음 _239

프롤로그

이름이 지워진 자리에서
복음은 시작된다

그녀는 주인공이 아니었다.

성경은 그녀의 이름으로 이야기를 시작하지 않았다.

하나님도 그녀에게 직접 말씀하지 않으셨고,

그녀를 선지자로 부르신 적도 없었다.

그녀는 떠났다.

모든 것을 잃은 뒤,

다시 돌아왔다.

아니, 돌아왔다기보다,

등 떠밀려, 생존의 끝자락으로 밀려든 것이었다.
그 누구도 그녀의 여정을 끝까지 책임지지 않았다.
그녀는 덩그러니 남겨졌고,
침묵 속에서 견뎌야 했다.

자기 이름조차,
더는 자기 삶에 어울리지 않는다고 여긴 사람이었다.
그래서 사람들에게 말했다.
"나오미라 부르지 말라."

그녀는 말이 적은 여인이었다.
그러나 한 번 입을 열면,
그 말은 마음 깊은 바닥에서 솟구친 한(恨)이었다.
그녀의 말은 절규였고,
기도처럼 들리지 않는 기도였다.

하와처럼,
결정의 책임을 혼자 짊어진 이로 기억되었고,
모압으로 떠난 원흉처럼 오해받았으며,

남편과 자식의 삶을 망친 여인으로 비난받았다.

하지만 나오미는
선택한 것이 아니라, 밀려난 사람이었다.
언약의 땅에서도 설 자리를 잃었고,
하나님을 향해 묻는 법조차 잊어버릴 만큼,
침묵만이 남은 질문의 끝에 서 있었다.

그런데 하나님은
아무 것도 구할 수 없는 그녀에게도
다시금 희망을 안기신다.

그녀의 품에 안긴 생명은,
이스라엘의 왕조로,
또 구원의 계보로 이어진다.

이렇듯 논리와 언어, 시간,
그 너머, 주님이 계시기에,
우리는 때로 경외라는 이름의 침묵을 선택한다.

"너는 하나님 앞에서 함부로 입을 열지 말며
급한 마음으로 말을 내지 말라
하나님은 하늘에 계시고 너는 땅에 있음이니라
그런즉 마땅히 말을 적게 할 것이라."
전도서 5장 2절

일러두기
본문에 사용된 주요 신학 용어 설명

거류(居留) - גּוּר^{구르} Sojourn
정착하지 않고, 임시로 머무는 삶. 사전적 의미로는, '외국인으로서 잠시 머무는 임시 체류'('live as a foreigner') 입니다. 나오미의 가족은 모압에서 '거류자'로 지냈습니다. 오늘날 기준으로 보자면, 난민과 비슷한 처지였습니다. 신학적으로는 때때로 영적 정체성의 표지로 해석하기도 합니다.

구속자 - גָּאַל^{고엘} Kinsman-Redeemer
'토지를 무르다', '되찾다', '구속하다'. 룻기에서 보아스가 고엘의 역할을 맡습니다. 『나오미댠』은 구속자에게 요구된 율법적 자격보다, 이름을 잃은 자를 돕는 궁휼에 주목합니다. 혈통과 율법보다 더 중요한 것은, 남은 과부, 나오미를 끝까지 품었던 사랑의 마음입니다.

속량(贖良) - גְּאֻלָּה^{게울라} ἀπολύτρωσις^{아폴뤼트로시스} Redemption
제값을 치르고 되찾아, 그 대상의 존엄과 존재를 회복시키는 일. 구속이라고도 합니다. 오늘날 교회에서는 죄사함을 설명하는 용어로 사용됩니다. 『나오미댠』에서 속량은 종교적 의미를 넘어, 이름과 관계, 공동체 안에서의 자리를 회복시키는 사건으로 등장합니다. 이는 삶의 현장에서 일어나는 은혜의 실효적 치유입니다.

스올 - שְׁאוֹל^{스올} Abode of the Dead
무덤, 땅 밑, 죽음. 생명이 끊기고 빛도 닿지 않는 곳을 가리킵니다. 『나오미댠』은 스올을 죽음만으로 보지 않습니다. 삶 속에서도, 모든 희망이 꺼진 자리에서 인간은 저마다의 스올을 경험합니다. 나오미는 그런 자리에서, 모든 희망을 잃습니다. 그러나 하나님은 스올 같은 절망 속에도 그 날개로 지키십니다.

계보(系譜) - תולדות 톨레도트 Genealogy
하나님의 언약을 이어가는 혈통. 그러나 룻기에 기록한 마지막 족보에는 나오미의 이름이 사라집니다. 『나오미뎐』은 계보에 적히지 않은 사람들의 품에서도 복음이 자란다는 사실을 증언합니다. 복음은 성경과 교회사의 계보에 기록되지 않은, 무수한 이들의 희생과 사랑을 통해 우리에게 전해왔습니다.

인애(恩愛) - חסד 헤세드 Kindness
하나님이 베푸시는 언약적 은혜와 사랑, 자격이 없는 자를 한없이 선대하는 신실한 자비. 룻의 결단과 보아스의 배려, 그리고 나오미 곁에 끝까지 남아준 존재들이 모두 이 단어에 담깁니다. 『나오미뎐』은 인애를, 단순히 입으로 하는 선언이 아니라, '곁에서 함께 머무는 사랑'으로 정의합니다.

전능자 - אל שדי 엘 사다이 Almighty
성경에서 하나님의 고유 속성인 '전능'을 강조하며 사용되는 이름입니다. 특히 심판과 회복을 함께 행하시며, 생사화복을 주관하시는 주님을 나타냅니다. 나오미는 모든 희망이 무너진 자리에 서서, 하나님을 "전능자"라 부릅니다. 이는 원망에 가까웠지만, 실은 룻기의 결말을 암시하는 복선입니다. 무너뜨리신 분이 하나님이시라면, 다시 세우실 분은 오직 그분입니다.

발화중독(發話中毒) - Compulsion to Speak
끊임없이 주장하고 말해야만 존재를 증명할 수 있다고 여기는 시대적 현상. 『나오미뎐』은 말하지 못하는 자의 신앙에 주목합니다. 나오미는 고백도, 간증도, 기도도 남기지 않습니다. 그러나 이 침묵은 결핍이 아닙니다. 인생은 말보다 앞서 존재했고, 사람은 말로 채워지지 않는 고요한 여백을 품고 살아갑니다. 복음은 그 여백에서 전해졌습니다. 하나님은 우리의 침묵을 들으십니다. 말이 사라진 자리에도 주님의 신실하심은 여전히 머물며, 복음은 그 고요 속에 깊이 뿌리내립니다.

1장

언약 밖의 여인,
언약의 땅으로

본문 | 룻기 1:1~7

나오미뎐 傳

기근과 떠남,
말하지 못한 자의 이야기

모든 이야기는 고장 난 현실에서 시작된다.
이스라엘 땅에 흉년이 들었고,
'양식의 집'이라 불린 베들레헴조차 말라붙었다.
가나안은 젖과 꿀이 흐르는 언약의 땅이다.
그러나 지금은, 생존조차 보장받지 못하는 땅으로 변모했다
(신 11:17).

이름과 현실의 불일치,
말의 탈(脫)의미화,
그 틈에서 나오미의 이야기는 시작된다.

엘리멜렉과 나오미는 두 아들과 함께
언약의 땅을 떠났다.
살기 위해서였다.

믿음의 결단인지, 불신의 탈출인지,
성경은 묻지도, 평가하지도 않았다.
그저, 짧은 문장 하나를 남긴다.
"그들이 모압 지방에 거류하였더라."

'거류'(居留)라는 말은 완전한 정착이 아님을 뜻한다.
모압에 있으나, 완전히 섞이지 않았다.
이스라엘인으로의 정체성도 그대로 남아있다.
나오미의 가족은 그들의 조상처럼 나그네가 된 것이다.
그곳에서 소박하게나마 살아낼 수 있겠다고 기대했다.

넉넉하지 않아도, 그럭저럭 삶은 이어졌다.
두 아들은 모압 여인과 결혼했고,
시간은 가만히 흘렀다.

그러나 생존의 바람은 비극으로 꺾였다.
먼저 남편이 죽었다.
졸지에 과부가 된 나오미는,
이제 위로의 대상이 되었다.

하지만 두 며느리는 곧
시어머니와 같은 입장이 된다.
두 아들도 결국 후사 없이 죽었다.

이로써, 나오미의 가정에는
여인들만 남았다.

우리는 너무 커다란 비극을 마주하면,
탓을 하기 시작한다.
그 원인을 발견하고자 한다.
그 비극이 '인생'의 일부라는 사실을
인정하고 싶지 않기 때문이다.

불행과 죽음은 우리 삶에 늘 도사리고 있음에도 불구하고,
우리는 고통을 받는 사람에게서 그 이유를 찾고자 한다.
기어코 모든 것을 잃은 사람을 '악마화' 한다.
그러면 마음의 불안이 조금은 가신다.

그래서 이 장면에서 우리는 물어왔다.

"왜 그들은 언약의 땅을 떠났는가?"
"믿음이 있었다면 버텨야 했던 것 아닌가?"
"흉년도 하나님이 주신 것이라면,
그 땅에 머무는 게 옳은 선택 아니었는가?"

이 질문 끝에는 늘 나오미가 남는다.
하나님의 뜻을 벗어난 여인,
가족의 신세를 망친 자.

그러나 일찍이 기근을 피해 애굽으로 갔던
아브람의 선례(창 12:10)는 까맣게 잊혔다.
그의 이주는 불신앙이라 불리지 않았고,
그의 결단은 후대가 다양한 해석을 덧붙여 합리화했다.

당면한 재앙, 죽음, 기근을 피한
그 방식과 형태는 같았지만, 평가는 달랐다.
아브람에게는 그를 변호하는 이가 부족하지 않지만,
나오미에게는 핑계조차 허락되지 않았다.

성경은 나오미가

무엇을 말했는지,

무엇을 결정했는지 기록하지 않는다.

그녀는 말없이 떠났고,

말없이 잃었고,

말없이 견뎠다.

성경은 우리에게 아무런 단서도 주지 않는다.

나오미를 칭찬할 근거도, 비난할 근거도 주지 않았다.

그랬더니, 우리는

성경이 침묵한 자리에서

아무 말 잔치를 벌여도 좋다고 착각한다.

너무 쉽게 말하는 자의 시선으로,

말하지 못한 자를 판단해 왔다.

해명할 수 있었던 사람의 기준으로,

침묵할 수밖에 없었던 사람을 정죄했다.

성경을 타인의 복음으로 읽었고,

해석자의 자리를 선점해 버렸다.

그래서 나오미는

이야기의 시작부터 반면교사라는 꼬리표가 붙었다.

그녀는 과부가 되고, 자녀를 잃은 여인이 된다.

결국 모압에서 거류할 여력을 잃는다.

타지에서 그녀를 지켜주던 마지막 울타리

가정이 무너졌기에,

더는 머물 곳이 없었다.

불행 중 다행일까.

"유다에 양식이 있다"는 소문이 들려왔다.

누가 전했는지도, 얼마나 믿을 만한지도 알 수 없었다.

그러나, 나오미에게는

흉년이 정말로 끝났는지는 중요하지 않다.

애초에 그녀에겐 선택지가 없었다.

과부인 그녀를 지켜줄 율법도,

돕는 공동체도, 모압에는 없었다.

그 땅에서 살아남을 길은 끊겼다.

그녀는 돌아가기로 했다.

돌아갈 염치도, 자격도 없는 땅.

아무도 반겨주지 않을 언약의 땅.

그 땅으로 향한 길은

회복의 여정이 아니었다.

처절한 귀환의 길이었고,

유일하게 남은 길이었다.

신학은 길을 평가한다.

이 길이 믿음인가, 저 길이 불신인가,

그렇게 분류하고 구분하려 한다.

그러나 삶은 그렇게 단순히 나뉘지 않는다.

그래서 성경은 많은 경우,

그 길의 선악을 평가하지 않고, 묘사만 할 뿐이다.

오늘날 우리는 역시 선악과를 먹은 자들의 후예답다.

성경이 애써 비워준 여백에

굳이 선과 악을 표기한다.

그러나 선과 악만 남은 이분법적 세계엔
생명체가 도무지 살 수 없다.
우리가 읽는 성경의 지면은,
신학적 기호와 상징이 담긴 학술서나 예술 작품이 아니다.

그것은 누군가의 삶의 터전이며
누군가의 희로애락이 담겨 있는 기억이다.
기록된 모두는 힘껏 살아낸 사람이다.
우리처럼 유년기와 청년기를 거쳤다.
장년과 노년의 시기에 막막함을 느껴보기도 한,
우리와 같은,
숨 쉬는 사람이다.

성경은 그들을 존중한다.
그들이 호흡할 공간과
그들이 그들일 수 있는 여백을 남긴다.
그들을 섣부르게 규정하기보다는,

그 길 위에 함께 하셨던
하나님의 손길을 조용히 보여준다.

나오미가 모압을 향했던 발걸음도,
이제 베들레헴을 향하는 발걸음도,
그저 그 목적은 생존이다.

이런 구조는 훗날 예수께서 말씀하신
탕자의 귀환 속에서도 반복된다.
나오미나 탕자나 다를 바 없다.
둘 다 지극히 인간적이고, 절박한 자기보존의 선택을 했다.

그런데 거룩한 희생과 순교의 이야기에
중독된 우리에게는
너무나 인간적인 발걸음이다.
그저 생존만 생각하며 돌아온 길이다.
반면교사적 교훈을 위해서 비난해야 할 얄팍함이다.

하지만

그럴지라도 돌아갈 수 있다.

비겁해도 살아남을 수 있다.

살고 싶다며 하나님께 매달려도 좋다.

살아남고 싶다는 절규조차 하나님은 듣고 계신다.

살고 싶어서 절규하는 우리의 수치를 덜어 주시려고,

겟세마네 그 동산에서 예수님은 친히 무릎 꿇으셨다.

삶을 붙잡는 기도를 드리셨다.

결국엔 하나님의 뜻에 순복하는 모범을 보이셨지만,

어려움과 고뇌의 과정을 주님은 모두 겪으셨다.

심지어 믿음이 없어도 돌아갈 수 있다.

믿음이 부족해도 돌아오게 하시는 하나님은,

결코 믿음 있는 자의 결단을 조건 삼아 역사하지 않으신다.

오직 당신의 성품대로, 당신의 뜻대로 행하신다.

그렇게 나오미는

다시 베들레헴을 향해 걷기 시작했다.

그곳은 한때 기근으로 말라붙은 땅이었지만,
이제는 하나님이 다시 먹이시는 땅이 되었다.

성경은 이렇게만 말한다:

"여호와께서 자기 백성을 돌보시사
그들에게 양식을 주셨다 함을 듣고…
돌아오려 하여"(룻 1:6).

이 문장은 실은 하나님이 먼저 움직이셨다는 선언이다.
돌아가는 여인의 발걸음보다,
그녀를 먹이시기 위한
하나님의 은혜가 앞서 있었다.

나오미보다 앞서,
주님이 먼저 가셨다.
돌아올 딸에게 먹거리를 주시기 위해서,
곡식을 키워내시고 익게 하셨다.

해명하지 못한 여인들

나오미는 모압에서의 거류를 끝냈다.
하지만 그곳에서의 시간은
지워지지 않는 화상 자국 같은 상흔으로 남았다.
흉년은 끝났지만,
그녀의 삶은 여전히 메마른 땅에 서 있었다.

남편 엘리멜렉, 두 아들 말론과 기룐.
나오미의 전부였던 그들은 모두 곁에 없다.
돌아가는 길은, 함께 왔던 길이기도 했다.
그 기억은 여전히 선명했고, 가슴 밑바닥이 욱신거렸다.

두 며느리는 남았지만, 위로자가 아니었다.
오히려 함께 무너진 동반자였다.
시어머니로서 나오미는 도리어 위로를 건네야 할 처지였다.

그런데 이스라엘의 전통적 시선으로 보자면,
그녀는 가문이 끊기고 하나님의 복에서 멀어진 사람이었다.
그런 사람이 어떻게 타인에게 위로를 건넬 수 있을까?
때때로 위로자는 자격을 요구받는다.
나오미는 모든 조건에서 미달이었다.

사람은 상실한 약자에게 이상하리만치 엄격하다.
그런 사람에게는 아무것도 주고 싶어 하지 않는다.
심지어 침묵과 여백조차 허락하지 않는다.
상실을 겪는 사람에게
가장 필요한 것은
숨돌릴 침묵과 여백임에도
기어코 그 숨구멍마저 막는다.

그래서 무너진 자 앞에서
우리는 쉽게 말을 꺼낸다.

"그 길을 택하지 말았어야지."
"모압으로 가지 말았어야지."

"남편을 말렸어야지."

낯설지 않은 말들이다.
하와에게 쏟아졌던 말들과 다르지 않다.

"왜 보았느냐?"
"왜 따먹었느냐?"
"왜 그의 말을 들었느냐?"

경청은 짧고, 판단은 길다.
질문으로 포장된 말들은
곧 폭력의 언어가 된다.

욥은 그런 말들을
위로라 부르지 않았다.
그는 그것들을 "쓸모없는 의원"이 지어낸
"거짓말"이라 했다(욥 13:4).

우리는 룻기를 읽으며

결정적인 사실 하나를 자주 놓친다.

모압 행을 결정한 이는 엘리멜렉이었다.

나오미는 선택하지 않았다.

그녀는 남편을 따라갔고,

돕는 배필로서 순종했을 뿐이다.

룻기 1장은 이 사실을 숨기지 않는다.

눈에 띄는 자리에 또렷하게 기록되어 있다.

하지만 우리의 시선은 그곳에 머무르지 않는다.

본능적으로, 그 사실을 흘려보낸다.

나오미가 짊어진 죄는 단 하나였다.

살아남았다는 죄.

사회는 살아남은 자를 죄인 삼는다.

비난의 근거는 단순하다.

그 사람이 아직 살아 있다는 사실.

책임을 묻고 싶을 때,

가장 쉬운 표적은 늘

'남겨진 자'이다.

나오미는

그녀만을 남기고 세상을 떠난 자들의 뒤에 남았고

하와처럼 표적이 되었다.

그녀 남편의 선택이 무너뜨린 서사의 나머지로 남겨졌다.

그녀는 이야기의 주체가 아니라, 남겨진 조각이었다.

욥의 아내도 그러했다.

그녀 역시, 아무런 잘못 없이 자녀를 잃었다.

의인 욥이 겪은 갑작스러운 상실을,

그녀도 고스란히 겪었다.

죽음조차 허락되지 않은 채,

살아남은 고통을 견뎌야 했다.

그런 그녀는 끝내 고통에 무너졌고,

입을 열어 남편을 향해 탓하는 말을 내뱉었다.

그리고 단지 그 한마디 때문에,

그녀의 모든 고통은 없는 것이 되어버렸다.

'악처'라는 이름 아래, 공격의 대상이 되었다.

그나마 욥의 아내는, 서사에서 퇴장할 수 있었다.

그 점에서 나오미는 달랐다.

그녀는 끝내 누구도 탓하지 않았고,

사라질 수도 없었다.

그녀는 그저 조용히, 버텼다.

견뎌낸 것만으로도,

그저 살아내는 것만으로도

대견하게 여겨줄 수는 없었을까.

룻기 1장에 분명히 적힌 이 사실에도 불구하고,

우리는 여전히 그녀를 향해 말한다.

"언약을 떠난 자."

"모압을 택한 자."

"하나님의 징계를 받은 자."

그러나 성경은
단 한 번도 그녀를 정죄하지 않는다.

훗날 에스겔서에 등장하는
"피투성이라도 살아 있으라"(겔 16:6)라는 음성은,
바로 이 침묵의 여인을 향한 말씀처럼 들린다.

성경은 나오미를 향한
그 어떤 모멸의 언어를 제공하지 않았다.
우리가 덧붙인 해석이 폭력이 되었을 뿐이다.

나오미는 돌아오는 길에서도 침묵했다.
그 발걸음은 신앙의 귀환이라 부르기에는 무기력했고,
회복의 여정이라 말하기에는 너무 늦어 있었다.
그저 삶에 떠밀려, 공교롭게 돌아오게 되었을 뿐이다.

히브리어 본문도 이를 지지한다.
'돌아오다'를 뜻하는 슈브(שוב)는
룻기 1장에서 열두 번 등장한다.

귀환의 장이라 불릴 만한 이 장면에서조차,
나오미 혼자만의 주체적 귀환을 가리키는 구절은 없다.

그녀의 귀환은,
"여호와께서 자기 백성을 돌보셨다"라는 소식에
이끌린 반응일 뿐, 능동적 결단이 아니었다(룻 1:6).

실상 돌아온 것은 나오미가 아니라,
하나님이셨다.

그녀의 믿음이 회복되었기 때문이 아니라,
그녀가 여전히 하나님의 백성이었기 때문이다.

우리는 언약을 잊는다.
믿음은 흔들리고, 고백은 사라진다.

하지만 하나님은 그분의 백성을 잊지 않으신다.

나오미는 그렇게 돌아왔다.

남편도, 아들도, 재산도 없이,
모든 것을 잃은 빈손으로.

그러나 그 빈손조차, 하나님 앞에서는 예비된 그릇이었다.

하나님은 자기 백성을 있어야 할 자리로 이끄시고,
그 여정 가운데서도
결코 홀로 두지 않으신다.

인애와 긍휼, 신실하심이 넘치는 그분은,
나오미의 빈손 위에
구속사를 심기 시작하신다.

모압은 심판대였나

모압이라는 이름은, 성경 안에서 늘 불편하게 등장한다.
죄의 산물, 근친의 결과, 언약 바깥의 족속.

이스라엘은 모압을 경계했고, 멸시했고, 때로는 혐오했다.
그래서 나오미가 그 땅으로 갔다는 사실 하나만으로도
신학적 낙인을 찍기에 충분했다.

그러나 정작 모압은 그녀를 거절하지 않았다.
기근을 피해 온 나오미의 가족을 내치지 않았다.
적어도 그 땅은 숨쉬며 살아낼 틈을 내주었다.
그 덕에 십 년 가까운 시간을 그들은 버틸 수 있었다.

그래서 두 아들은, 타국 땅에서 가정을 이루고
나름의 인생을 이어갈 수 있었다.

비극은 그 장소 때문이 아니었다.
기근을 피할 수는 있었지만,
죽음을 피할 수는 없었다.
그녀가 맞닥뜨린 한계는, 특별한 것이 아니었다.
누구나 언젠가는 맞게 될,
삶의 그늘이었다.

모압은 유효한 도피처였을까,
아니면 심판이 집행된 형틀이었을까.
나오미에게는 둘 다였고, 동시에 둘 다 아니었다.

그녀는 언약을 거부하거나,
하나님을 부정하려고 떠난 것이 아니었다.
그런 거창한 이유를 가질만한 여유가 그녀에게는 없었다.
그저 숨 쉴 자리를 찾고 있었을 뿐이다.

하지만 그곳에서
하나님은 아무 말씀도 하지 않으셨다.
징계도 없었고, 위로도 없었다.

말씀이 끊기고, 계시도 없이,
침묵만 있었다.

그러나 말씀이 없었다고 해서
하나님이 그녀를 잊으신 것은 아니었다.
나오미는 언약 밖으로 나갔지만,
하나님은 여전히 그 언약을 붙들고 계셨다.

우리에게도 그런 시간이 있다.
말씀을 붙잡을 수 없고,
기도도 도무지 음절을 입지 못하는,
하나님의 얼굴이 가려진 것만 같은 계절.

일찍이 시편의 기자도
고난의 순간에서는
주님이 얼굴을 숨기는 것만 같다고 고백했다(시 13:1).
공교롭게도 그 기자 다윗이
나오미의 후손인 점이 새롭다.

도망쳤지만, 얻은 것도, 지킨 것도 없던 날들.
우리는 그럴 때마다
장소를 탓하고, 결정을 탓하며
하나님이 멀리 계신다고 느낀다.

장소에 집착하다가
정작, 우리의 자리에서도 우리를 만나주신
하나님의 얼굴을 잊는다.

장소가 거룩한 게 아니라,
그 자리에서 하나님이 우리를 만나주셨기 때문에
거룩해졌다는 사실을 때때로 잊는다.

그 시간이 중요한 것이 아니라,
주님의 뜻과 사랑이 중요했다는 점을
손쉽게 망각한다.

그래서 이윽고 우리는
장소와 시간을 우상화하기에 이른다.

벧엘, 기도 명소, 응답의 자리,
신의 도성, 저녁과 새벽, 절기, 요일
하지만 아니다.
시간도, 장소도,
거룩함의 본질이 아니다.

중요한 것은 어디에 있느냐가 아니라,
그 자리에서도 하나님이 함께하신다는 사실이다.
오직 무소부재하신 하나님의 뜻만이
공간과 시간을 초월해 모든 것을 거룩하게 만든다.

그리고 하나님은,
그 모압조차도 복음의 준비처로 삼으셨다.

나중에야 알게 되겠지만
그 땅에서 나오미는 한 여인을 만난다.

이방 여인, 룻.

처음엔 그저 작은 존재였지만,

시간이 흐른 뒤

그녀는 나오미의 언약을 다시 품게 해 줄

하나님의 손길을 전하는 사람이 된다.

하나님은 모압도 사용하신다.

회복의 한복판으로.

그분의 주권은

우리가 지정한 '성지'에만 머무르지 않는다.

하나님은 우리가 잊은 곳에서도 일하시고,

우리가 꺼린 자리에서도 준비하시며,

우리가 외면한 이름 안에서도

구속사를 싹 틔우신다.

기적이 아닌 기다림

룻기 1장은 언약의 백성조차,
삶의 변덕에 휘말릴 수 있음을 보여준다.

사람이란 것이 얼마나 약한지,
영원하신 하나님의 언약이 있음에도 불구하고,
너무 쉽게 무너지기도 한다.

흉년, 모압, 사별, 상실, 침묵.
다섯 개의 단어만으로
나오미는 완전히 쓰러진다.
생과 그녀는 더 없이 멀어진다.
희망도 기쁨도 그녀 곁을 속히 떠나,
다시는 돌아오지 않을 것만 같다.

논리로 보아도,
생물학으로 보아도,
아무리 계산해도,
그녀는 끝났다.

오죽하면, 삶이 끝났음을,
여성으로서도 더 이상 희망이 없음을,
나오미는 직접 증언한다(룻 1:11~13).

충실하게 나오미의 완전한 붕괴를 그려낸 성경은,
굳이 나오미의 입술을 떠난 말을 싣는다.
인간 나오미는 완전히 끝났다는 선언이
지면에 외롭게 적혔다.

우리는 흉년을 시험이라 해석하고,
모압을 탈선이라 규정한다.
사별과 상실을 심판이라 결론 내리며
룻기의 이야기를 정리한다.

하지만 성경은,
이 모든 시간을 단 하나의 문장으로 요약한다.

"여호와께서 자기 백성을 돌보시사"(룻 1:6).

이 한 줄이 룻기의 중심선이다.
온갖 시끄러운 소리와 재잘거리는 목소리,
저마다 알지 못하면서도 말을 지어내는 자리에—
하나님은 지금, 무너진 여인의 서사 속에서
분명히 선언하신다.

오히려 주님이 일을 시작하시기에 딱 알맞다고.
짙은 어둠은, 빛이신 주님의 무대로 봉사할 뿐이라고.

그 수혜자는
회개한 여인도 아니고,
기도한 여인도 아니고,
입을 다문 채 주저앉은 여인이다.

그녀를 둘러싼 건 언약도, 축복도 아니었다.
단지 두 이방 여인이었다.
그래도 상관이 없으시다는 듯,
아니, 오히려 그렇기에—
아무런 소망도 없는 자리기에
나서셔야 하신다는 듯
주님은 일을 시작하신다.

성경은 나오미를 칭찬하지 않는다.
그렇다고 그녀를 단죄하지도 않는다.

아무 말 없이,
그녀의 이야기를 조용히 품기 시작한다.

그녀는 언약의 땅을 떠났지만,
언약은 그녀를 놓지 않았다.
그녀는 신앙을 고백하지 않았지만,
하나님은 그녀를 포기하지 않으셨다.
그녀는 아직 돌아오지 않았지만,

하나님은 이미 길을 열고 계셨다.

이렇듯 룻기의 이야기는
기적으로 시작되지 않는다.
기다림으로 시작된다.

오랜 불임 끝에 아이가 찾아온 어느 부부에게
입덧이 시작되던 그날의 마음처럼.
기적 같지도 않게,
그러나 결코 우연이 아닌 방식으로.

복음은 그렇게,
눈부신 기적이 아니라
속이 울렁이는 입덧처럼
더 없이 인간적이고,
그저 흙먼지 가득한
현실의 기다림 속에서
조용히 움튼다.

2장
나오미가 아니라 마라라 하라

본문 | 룻기 1:8~22

셋은 사랑했지만, 남은 자는 둘

하나님은 나오미를 혼자 두지 않으셨다.
남편을 잃은 두 며느리가,
두 아들을 잃은 그녀 곁에 남아 있었다.

덕분에 그녀는 모압을 떠날 때 완전히 외톨이는 아니었다.
룻과 오르바, 두 며느리가 함께 길을 나섰다.

처음엔 그저
모압 땅 끝까지 배웅하려던 마음이었을 것이다.
홀로 떠나는 시어머니를 따라나선,
다정한 동행이 있다.

끝까지 함께하기란, 쉬운 일이 아니었다.
모압인이 이스라엘에서 맞닥뜨릴 수모는
이스라엘인이 모압에서 겪은 일과 비교할 수 없었다.

때로는 말씀의 이름으로,

때로는 언약의 명분으로,

더 쉽게 잔인해지고,

더 무심히 타인을 밀어낸다.

따라서 시어머니를 따라나서는 것은,

단순한 선택의 문제가 아니라,

몸을 건 결단, 곧 생과 사의 문제였다.

얼마나 걸었을까.

나오미는 결국, 두 며느리를 돌려보내기로 마음먹는다.

그 마음을 먹기까지 수도 없이 곱씹어 봤을 것이다.

아무리 생각해 보아도,

도무지 두 며느리와 함께 돌아갈 수 없다.

베들레헴의 분위기,

이스라엘이 가진 언약 밖 백성에 대한 혐오를,

그곳 출신인 나오미는 누구보다 잘 안다.

여성으로서도, 존재로서도
자신이 완전히 끝났음을 증언하며,
두 며느리를 조심스레 축복한다.
"여호와께서 너희에게 헤세드(인애) 베푸시기를 원하노라"

이 장면은 이상하다.
하나님의 인애를 상실한 듯한 나오미가,
그 의미를 의심하고 있을 나오미가,
헤세드와는 이제 인연이 없을 것만 같은 나오미가
다른 이들을 위해선 그 인애를 빌고 있다.

그렇다.
무너진 사람도 축복할 수 있다.
자신은 쓰러졌어도,
사랑하는 이들만큼은
쓰러지지 않기를 바라는 마음을 품을 수 있다.

성경에서도, 오늘의 교회도
상처 없는 위로자는 극히 드물다.

성경은 위로가 필요한 자가 위로를 건네며,
회복이 필요한 사가 회복을 전하는
이야기로 가득하다.
이 점은 룻기도 예외가 아니다.

나오미가 모든 믿음을 보듬어
축복하는 것을,
그런 시어머니의 마음을,
두 며느리는 느낄 수 있었다.
그 마음을 알고 나니까,
도무지
견딜 수 없었다.
표현할 언어가 없을 때,
눈이 대신 말한다.
소리로 표현할 수 없을 땐,
몸이 먼저 반응한다.

우선, 눈물부터 흐른다.

세 여인은 그렇게
한동안 소리를 높여 함께 울었다.

하지만 언젠가는
울음도 거두어야 했다.
이별의 시간이 다가왔다.

결국 오르바는 돌아간다.
성경은 그녀의 결정을 비난하지 않는다.

룻은 따라온다.
성경은 그 결단을 칭찬하지 않는다.

나오미는 강요하지 않았고,
룻 역시 맹세하지 않을 수도 있었다.
그런데 룻은 이렇게 고백한다.

"내게 어머니를 떠나며
어머니를 따르지 말고 돌아가라 강권하지 마옵소서.

어머니께서 가시는 곳에 나도 가고,
유숙하시는 곳에서 나도 유숙하겠나이다.
어머니의 백성이 나의 백성이 되고,
어머니의 하나님이 나의 하나님이 되시리니…"

이 말은 신앙고백처럼 들린다.
하지만 룻은 아직
이스라엘의 율법도, 예배도, 공동체도 모른다.
혹 모압에서의 결혼 생활로
룻이 개종했으리란 기대는 오히려 순박한 기대다.
그랬다면,
"어머니의 하나님이 나의 하나님이 되실 것"이라는
표현을 인제야 할 리가 없다.

이 고백은 하나님을 향한 확신이 아니라,
나오미를 향한 충성과 사랑이다.

나오미는 대답하지 않는다.
룻의 말을 듣고서도

말없이 길을 걷는다.

그 뒤를 룻이 종종걸음으로 따른다.

둘이 걷지만,

대화는 없었다.

그 침묵은 상실 때문만은 아니다.

다시 마주할 얼굴들 앞에서,

나오미는 자신을 어떻게 설명해야 할지를 생각하고 있었다.

어느덧 풍경이 익숙해진다.

베들레헴이다.

"이에 두 사람이 행하여 베들레헴까지 이르니라."

여호와의 손이 나를 치셨다

베들레헴 사람들은
세월이 할퀸 나오미의 모습을 보고
매우 놀란다.

"이 사람이 정말 나오미냐?"

단순한 놀라움이 아니었다.
'어쩌다 이렇게 되었느냐'라는 탄식과,
'정말 그 나오미가 맞느냐'라는 판단이었다.
때때로 그런 탄식과 판단은,
비록 악의가 없다고 하더라도,
무너진 사람에게는 가장 큰 상처가 되기도 한다.

나오미는 곧장 반응한다.

"전능자가 나를 심히 괴롭게 하셨음이니라."

이 말은 감정의 분출이 아니다.
자신의 삶을 관조하고 내놓은,
신앙적 해석이다.

그렇다고 오롯이 신학적 해석은 아니다.
오늘날 식으로 말하자면,
"다 내가 죄인입니다. 내가 잘못해서,
우리 집안 남자들이 다 죽었습니다."
하는 일종의 자진 납세다.

모든 수욕을 본인이 짊어지고,
고인이 된 사랑하는 이들을
지키려는 의지로도 읽힌다.
하지만 실은, 오히려 방어기제에 가깝다.

상처받은 사람은,
자기가 가장 듣고 싶지 않은 말을 먼저 내뱉곤 한다.
누군가의 말로 상처받기 전에,
그 말을 스스로 꺼내 방패 삼는 것이다.

나오미의 말은 그런 종류다.
비난이 날아오기 전에,
먼저 스스로 죄인이라 말한다.
"나도 알고 있으니, 부디 당신 말로
날 못 박지 말아달라"는 간절한 애원이다.

죄 없으신 주님이 억울하게 못 박힌 자리에서,
우리는 염치없이 살아남았으면서,
말로 또 다른 이들을 못 박는다.

나오미는 그런 말이 두려운 것이다.
이미 견딜 수 없는 고통에 괴로운데,
말이라는 못이 더 박히는 것.

그러니 그녀는 먼저 고백한다.
죄인이라 인정할 테니,
더 이상 정죄하지 말아 달라고.
그 말은 회개의 선포가 아니라,
상처의 고통을 더는 견딜 수 없는 자의
마지막 애원이다.

그럼에도 나오미는 하나님을 "전능자"라 부른다.
자신의 삶을 무너뜨린 것은,
단순한 불운이나, 외부의 악이 아니라는 선언이다.
이는 해석이다.
무너트리신 이가 전능하신 하나님이시라면,
차라리 그 처지가 낫다는 것이다.
생사화복을 오로지 주님께 맡긴
언약 백성만 이해할 수 있는,
복잡미묘한 감정이다.

하나님의 주권을 진정 믿어본 사람은 누구나 알 것이다.
그분의 주권을 참으로 믿는다면,
상황이 어떠한들, 그 주권을 향한 믿음을 놓을 수 없다.

나오미도 주권을 믿는다.
때로는 믿기 때문에 더 아프고, 더 분하다.
더 죄스럽고, 더 삶이 버겁다.
그럼에도 하나님을 말할 수밖에 없다.

"내가 풍족하게 나갔더니,
여호와께서 나로 비어 돌아오게 하셨느니라."

이 말에는 쓰라림이 있다.
여기서 '풍족'은 반어적이다.
애초에 그녀가 언약의 땅을 떠날 당시,
그녀는 '풍족'함과는 거리가 멀었다.

오히려 기근으로 찾아온 굶주림을 견디지 못하고,
도망치듯 그 땅을 떠났다.

그녀가 말한 '풍족'은
남편과 두 아들에 대한 증언이다.

죽음과 같은 굶주림의 시절이
오히려 그립다는 반어적 고백,
차라리 그때로 돌아가
사랑하는 가족과 함께 죽고 싶다는
절박함마저 느껴진다.

그렇기에 그녀는 이 모든 일을
다만 우연한 비극이라 말할 수 없다.
불행하게 남편을 잃었다.
뭔가 악한 존재가 두 아들을 앗아갔다.
이것은 아내로서, 어미로서, 도무지 견딜 수 없는 해석이다.

그러나 만일 여호와께서 하신 것이라면,
그런 것이라면,
언약의 땅을 떠나서, 벌을 받은 것이라면,
차라리 받아들이기 쉽다.
이 고통에 분명한 이유라도 있으면 하는 마음이다.

나오미의 입에는
감사가 사라졌고,
사랑은 무뎌졌다.

기근으로 언약의 땅을 떠났다는 사실도
이젠 잊을 정도이다.

남편과 아들들만 곁에서 숨 쉰다면,
굶주림조차 풍족하다는 말까지 나온다.
어쩌면, 절규 같다.

그러나,
그녀는 결국
마음 밑둥까지 스며든 상실 속에서
하나님을 부른다.

사실 믿어서가 아니다,
하나님만 남은 자가,
하나님마저 놓으면
무엇이 남을까.

과부이자 자녀를 잃은 여인에게 있어서
하나님의 이름은 도무지 놓을 수 없는 이름이기에 부른다.

그것이 원망이든, 항변이든,
그 이름만은 입에서 지우지 않는다.

이것은 신앙의 부재가 아니다.

성경이 말하는, 신앙의 또 다른 얼굴이다.

오늘날 우리 그리스도인들이

확신의 말만 강조하다가,

잊어버린,

그렇지만 성경엔 분명히 기록된,

무너진 신앙, 확신 없는 믿음이다.

애당초 믿음은 이해에 근거하지 않는다.

오히려 다 알지 못함에서 시작된다.

우리는 알지 못하기에 믿는다.

우리는 모르기에 믿는다.

우리는 보지 못하기에 믿는다.

우리는 믿지 않을 수 없기에 믿는다.

주님이 우리 맘에 믿음을 넣어주셨기에—

그 사실을 부인할 수 없기에—

믿는다.

나오미는 바로 그 지점에 있다.

입술은 쓰고,
표정은 굳었고,
하나님의 이름을 부르되,
그 이름에는 원망이 섞여 있다.

그러나 하나님은
그런 고백조차 받아들이신다.
미성숙한 언어를 꾸짖지 않으시고,
그 말을 할 수밖에 없었던 삶 전체를 껴안으신다.

어쩌면 우리도
나오미처럼
신앙이란 이름을 잠시 거부하고 싶은 날이 있다.

"하나님은 선하시다"는 말이
목에 걸리는 날,
"나는 복이 있다"는 고백이

거짓처럼 느껴지는 밤.

그럴 수 있다.
사노라면, 그런 날도 온다.

신앙은 삶의 고통을 막아주지 않는다.
도리어 신앙은,
삶을 포기하지 않게 한다.
믿음은,
그럼에도 불구하고,
하나님 앞에 머물게 한다.

이름을 감당할 수 없던 여인

나오미는 고향으로 돌아왔다.

하지만 돌아온 건, 몸뿐이었다.

그녀의 마음은 여전히, 사랑하는 이들을 묻은

모압 땅에 머물러 있었다.

믿음 또한 꺾여 있었다.

그녀는 이스라엘 땅엔 도착했지만,

하나님의 품엔 아직 이르지 못한 상태였다.

상황은 변한 것이 없었고,

그녀의 마음은 조금도 나아지지 않았다.

그러나 그런 상태로도, 언약의 땅으로 돌아올 수 있다.

믿음이 완성되어야만 돌아오는 것이 아니다.

믿음이 부서진 채로도, 돌아올 수 있다.

여호수아 시기의 이스라엘 백성들도
완성된 믿음으로 언약의 땅에 입성하지 않았다.
우리 또한, 완벽한 상태로 주님을 영접하지 않았다.

그럼에도 우리는 우리보다 늦게 돌아오는 사람들에게
엄정한 잣대를 들이댄다.

복음서에 나오는 빚진 자의 비유가 떠오른다.
많은 빚을 탕감받은 사람이
자기에게 적은 빚을 진 사람을
용서하지 않았다(마 18:23~34).

그러나 복음은 돌아오는 자의 성숙에 달려 있지 않고,
기다리시는 하나님의 신실하심에 달려 있다.

훗날 물속, 선지자 요나의 고백과도 같이,
구원은 여호와께 속했다(욘 2:9).

하지만 그녀를 조건 없이 언약의 땅으로

되돌아오게 하신 주님의 신실함은,
지금의 나오미에게는 보이지 않았다.
오랜만에 마주한 고향 사람들의 환대조차,
그녀에게는 버겁게 느껴졌다.

"나를 나오미라 부르지 말라."

그녀는 자비를 구하지 않았다.
도움도 요청하지 않았다.
단지, 자기의 이름을 거부했다.
개명 신청한 셈이다.

그 이름이
더는 자기 삶을 담아내지 못한다고 여겼기 때문이다.

현실은 '쓴물'인데,
그녀의 이름은 '희락'이라는 뜻이었다.
고약한 농담 같은 상황.
그런 상황이니, 누군가 그녀를 나오미라 부르면,

그녀의 마음에서는 비꼼으로 들렸을 것이다.
나오미라는 이름값도 못 하는 여인이라는
자기 혐오적 자책감이 들었을 것이다.

때때로 나에게 가장 잔인한 것은 나 자신이다.
내 안의 소리는,
때때로 나를 파괴할 언어를 마음에 그려낸다.
그런 말은 귀를 닫아도, 잠에 들어도 맴돈다.
눈을 감는다고 도움이 될 리 없다.

그렇다면, 이름을 바꾼다고 무엇이 달라질까.
헛된 줄 알면서도, 나오미는 간청했다.
성경은 그런 개명 신청을 으레 받아주곤 했다.
나오미의 이름은 그렇게 사라지고,
고통을 뜻하는 마라로 불릴 줄만 알았다.

거부된 청원

사람들은 아무 말도 하지 않았다.

누군가는 고개를 숙였고,
누군가는 입술을 꾹 다물었으며,
누군가는 조심스럽게 그 자리를 피했다.

"마라라 부르라."

그 말은 공기 중에 떠돌았다.
그러나 누구도 그 이름을 입에 올리지 않았다.
나오미의 선언은
허공에 던져진 조약돌처럼,
메아리 없이 가라앉았다.

아무도 대답하지 않았고,

아무도 "그래요, 마라!"라고 부르지 않았다.

그날 베들레헴은,
이방 여인 룻의 침묵과
히브리 여인 나오미의 고백 사이에서
낯선 정적을 공유했다.

어쩌면 그들은 말할 수 없었는지도 모른다.
나오미의 얼굴에서
자신의 어머니를 떠올렸거나,
그녀의 참혹한 행색에,
남편과 두 아들을 모두 잃어
얼이 나간 노인의 모습에,
더러 동정심이 들었을지도 모른다.

어쩌면 그들에게
마라라는 그 이름이 너무 무거워,
입에 올리는 순간 자신도 쓴물이 될까 봐
두려웠는지도 모른다.

불행은 때로 역병처럼 여겨진다.

전염되기 쉬운 질환처럼 취급된다.

그래서 공동체의 도움이 가장 절실한 사람에게는

아무도 가까이 가지 않는다.

참 역설적인 일이다.

그렇게

아무도 마라라 부르지 않았다.

하지만

누구도 나오미라고도 부르지 못했다.

나오미란 이름은

공중에 걸려 있었다.

사람들의 눈길 사이에,

기억과 외면 사이에,

침묵과 동정 사이에.

베들레헴 어귀에서의 그 사건은

나오미와 룻을 공동체로부터 조용히 격리한다.

은혜의 때를 사는 우리야,
힘들고 병든 사람들의 손이라도 맞잡고 기도한다.
하지만 율법의 원리로는,
죄인에 닿으면 죄가 옮고—
부정한 자에게 닿으면 부정함이 옮았다.

이제 나오미와 룻은, 부정, 더러움, 불행의 대명사가 되었다.
기피 대상이라는 말이다.

그럼에도 룻기 1장은
나오미의 고통에서 끝나지 않는다.

그 끝에 조용히 한 문장이 남는다.

"보리 추수 시작할 때에 그들이 베들레헴에 이르렀더라."

삶은 여전히 쓰고,

세상은 여전히 버거웠지만,
계절은 바뀌고 있었다.

금빛 들녘에서는 분주한 손길과
추수의 설렘이 교차하며 하모니를 만들었다.

보리가 익는다는 것은
누군가 씨를 뿌렸다는 뜻이며
하나님이 일하고 계신다는,
무언의 선언이었다.

3장

아무 일도
일어나지 않는 날들

본문 | 룻기 2:1~23

나오미뎐 傳

밭에 나간 룻, 남은 나오미

룻기 2장은 성경에서 보기 드문 장이다.

기적도, 계시도 없다.

그저 밭이 있고, 이삭이 있고,

룻이 걷고, 누군가가 그녀를 바라볼 뿐이다.

나오미는 모습을 드러내지 않는다.

움직이지도 않고, 아무 일도 하지 않는다.

그녀는 말 그대로,

회복되지 않은 채 멈춰 있다.

그리고 그때, 룻이 말한다.

"나로 밭에 가게 하소서…

은혜를 입으면 그를 따라서 이삭을 줍겠나이다."

나오미는 짧게 대답한다.

"가라, 내 딸아."

짧고, 건조한 한마디.
덧붙이지도, 다독이지도 않는다.
룻의 결심을 막지도, 돕지도 않는다.

삶의 의지가 꺾이고,
무력감에 잠식된 이가
겨우 내뱉은 말이었다.

룻이 이방 여인의 신분으로
위험을 무릅쓰고 나가야만
하루 한 끼가 마련된다는 걸,
나오미는 알고 있다.

위험한 일이다.
그렇다고 가만히 있을 순 없다.
나오미의 상태로는
도무지 함께 나갈 수 없다.

그래서 마지못해 허락한다.
하지만 그 허락은
결국 자신의 무기력을 드러내는 고백이 된다.

지금의 나오미는,
말할 수 없는 통증을 가만히 견디는 것 외엔
아무것도 할 수 없다.

성경은 그녀의 고통을 직접 묘사하지 않는다.
하지만 룻만이 나가야 했던 그 장면만으로,
나오미의 형언할 수 없는 고통이
성경의 여백에 또렷이 드러난다.

룻은 밭으로 간다.

성경은 기록한다.
"우연히 보아스의 밭에 이르렀더라."

성경은 때때로 "우연히"라는 단어로

하나님의 의도된 섭리를 표현한다.

그 대목을 가만히 음미하면,

그분의 손길이 바람처럼 느껴진다.

하나님은 아무 말씀도 하지 않으신다.

그러나 룻의 발걸음을 이끄시고,

보아스를 그 자리에 있게 하신다.

바로 그 밭,

바로 그 시점,

바로 그 장면

모든 조각이 은밀히 맞물리기 시작한다.

합력하여 선을 이루는 무대가

그렇게 완성되고 있다.

솜씨 좋은 시계 장인이 만들어낸 톱니의 조합처럼,

의미가 없어 보이는 요소들이 한자리에 모이자,

조금씩 조금씩 움직이며

비극으로 멈춘 듯한 시간을

다시 흐르게 만든다.

그런데 나오미는
이 모든 것을 알지 못한 채,
집 안 어딘가에 가만히 앉아 있다.

회복은 그녀의 마음에서 시작되지 않는다.
그녀의 입술도 회복의 신호탄이 아니다.
대신, 주변이 먼저 회복의 기색을 보인다.

우리는 종종 말한다.
"상황은 그대로야. 마음부터 바뀌어야 해."

그런데, 세상은, 우리가 짜놓은 방정식대로 움직이지 않는다.
예상이 긍정적이든, 부정적이든
하나님은 그 계산을 일절 참조하지 않으신다.

아니, 애초에 그분은 우리의 인지 한계를 벗어나셨다.
우리가 기대한 자리가 아니라,

우리가 알지도 못하는 자리에서부터 은혜를 키워내신다.

그럼에도 우리는 종종 속는다.
부정적인 예측을 '현실적인 판단'이라고 착각한다.

그것은 방어기제처럼 자동화된 사고이다.
무너짐을 정당화하려는, 내면의 자동 반응이다.

하지만 룻기에 기록한, 하나님의 은혜는
그 수혜자인 나오미가 깨닫기 전에,
무언가를 하기도 전에,
주변에서부터 이미 시작되고 있다.

룻을, 보아스를, 계절을, 밭을, 날씨를, 시기를,
주님은 총동원하신다.
그분의 지휘로 저마다 소리를 내기 시작한다.

회복은 조건부가 아니다.

"내가 먼저 변해야 삶도 바뀐다"는 말은,
일부 경험에 불과하지, 성경이 긍정하는 법칙은 아니다.

성경이 말하는 원칙은
피투성이가 되어도 살아 있으라는 명령이다.

생과 사를 내가 결정하지 않고,
그저 주님 앞에서 버티는 것.
생존을 포기하지 않는 것.
내가 피를 철철 흘리며
버티고 생존하고
서 있는 그곳이 벧엘이고
로뎀나무이다.
내가 서 있는 그곳이,
아니, 내가 쓰러진 그 자리가
바로 은혜가 시작되는 자리다.

일상에 스며든 인자

룻은 밭에서 돌아온다.
손에는 보리 한 에바
덕분에 나오미도 룻도 굶지 않을 수 있었다.

나오미가 묻는다.
"오늘 어디서 주웠느냐?
어디서 일을 하였느냐?"

처음으로 그녀가 말을 건다.
질문한다.
관심이 피어난다.

그 말 속엔
놀람과 궁금함,
그리고 기대가 서려 있다.

그저 이삭줍기만으로는
모으기 어려운 양이다.
그렇다면 분명 누군가 룻에게 호의를 베풀었다.
나오미는 그렇게 생각했을 터다.

룻이 말한다.
"오늘 일하게 한 사람의 이름은 보아스예요."

그 말에, 나오미는 이렇게 답한다.
"그가 살아 있는 자에게나 죽은 자에게나
헤세드를 그치지 아니하였도다."

히브리어 성경은,
나오미가 언급한 '그'가
하나님인지, 보아스를 지칭하는지
명확하게 알 수 없도록 중의적으로 적었다.

그래서 두 가지 해석 모두가 가능하게 되어있다.
이 장면을 열린 해석으로 바라보게 하려는

세심한 배열의 흔적이 원문 구조에 담겨 있다.

그 결과, 두 이미지가 겹친
한 폭의 그림을 그려냈다.

그저 인간인 보아스에게는 망극한 묘사다.
그저 인간의 자녀인 보아스의 손에
만군의 여호와, 하나님의 손을 포갰냈다.

지금의 기준으로도 파격이지만,
당시에도 도무지 이해되지 않을 파격이다.

이 장면에서 나오미는
보아스의 친절에서
하나님의 손길을 보고 있는 것만 같다.

이후 신약에서
그리스도의 향기라고 부르는 그것을,
이 비련의 주인공 나오미가

앞서, 깊이 경험하고 있는 셈이다.

이것은 룻기에서
나오미가 하나님의 이름을
감사의 언어로 처음 꺼낸 순간이다.

이전엔
"전능자가 나를 괴롭게 하셨다"고 말했던 그녀가,
지금은 "여호와께서 인자(헤세드)하셨다"고 고백한다.

그녀는 아직 회복되지 않았다.
마음은 여전히 무겁고,
룻은 여전히 이방 여인이다.
삶은 여전히 망가져 있다.

그러나
한 끼의 보리,
한 사람의 선의,
하나의 이름이

그녀 안의 믿음의 언어를 깨운다.
이렇듯 나오미의 마음에서 믿음이 사라진 게 아니었다.
다만 많은 고통에 잠시 잠들었을 뿐이다.

신기하게도,
하나님을 원망하던 사람은
아주 작은 것에도 감사를 느낀다.

"많이 용서받은 자가 많이 사랑한다."
훗날 주님이 하신 그 말씀은,
지금의 나오미와도 닿는다(눅 7:47).

신앙은
감정보다 먼저 깨어날 때가 있다.
마음은 여전히 아파도
입에서 하나님의 이름이 나올 수 있다면,
그건 회복의 시작이다.

하나님은 나오미가

감정을 정리하길 기다리지 않으셨다.
말이 서툴러도, 마음이 엉켜 있어도
그분은 끝내 귀를 닫지 않으셨다.

그분은
그녀의 슬픔과 원망을 함께 받으신다.
"마라"라는 말도,
"인자하심"이라는 말도.
그 둘 사이의 침묵까지도.

하나님은
우리의 들숨과 날숨까지
찬양으로,
기도로 받아주시는 분이다.

그날 나오미는
보리 이삭을 받아 든 자리에서
그토록 꺼내기 어려웠던 그 이름을
다시 입에 올린다.

그 고백은
모든 것이 해결되었기 때문이 아니다.
일상 속 조용한 위로 하나에
반응한 속삭임이었다.

하나님의 손길이 느껴진다.
단식을 끝낸 이에게
묽은 미음을 내미는 손처럼
그분은
텅 빈 마음 위에
조심스레 위로를 얹으신다.

룻기 2장은 그렇게 끝난다.
기적도, 환상도, 음성도 없었다.
한 여인이 밭에서 일했고,
한 남자가 자비를 베풀었고,
한 여인이 하나님의 이름을 가만히 불렀을 뿐이다.

그러나

바로 그 고요한 고백에
회복이 터를 잡는다.

그 고백 덕분에 회복이 시작된 건 아니다.
하나님은 이미 그 자리에
회복의 씨앗을 심고 계셨다.

능숙한 화가가
붓을 멈춰 세운 자리에
뜻이 생기듯

우리는 종종 기적을 기다리지만,
회복은 눈에 띄지 않는 날들 속에서
조용히 시작된다.

하나님은
말하지 않는 자의 침묵 속에서 일하시고,
움직이지 않는 자의 일상 안에서
은혜의 흐름을 틔우신다.

말하지 않아야 일하시는 분이 아니라,
말하지 않아도 여전히 일하시는 분.

성경은
그 침묵을 수천 년간 간직하며
우리 곁에 머물러 있다.

보리 이삭 한 단,
하나님의 이름 한 줄.

그것이면 충분하다.

하나님은
그 정도의 재료만으로도,
우리의 볼품없는 하루들로도
구원을 시작하시는 분이다.

그런 하나님을 믿기에,
우리는 다시 기도하고,

다시 하루를 살아낸다.

눈에 보이는 변화가 없어도
말씀을 붙든다.
던졌던 그물을 다시 던지고,
이삭을 주우러 다시 나아간다.

주님이 일하고 계심을 믿으며.

예비하신 자리로

룻은 단지 살아내기 위해 밭으로 나갔다.

오늘 하루를 버티기 위해,

무너지지 않기 위해 걸었다.

그것은 신앙의 결단도, 영적 전략도 아니었다.

살아야 했기에, 그저 그렇게 나아간 것이다.

나오미는 아무 말 없이 그녀를 내보냈다.

말을 걸지 않았고,

기도하지 않았고,

심지어 안부조차 묻지 않았다.

그 침묵은 무관심이 아니었다.

다만, 모든 것을 잃은 자가 할 수 있는 유일한 반응이었다.

그 어떤 위대한 믿음도 없었고,

하나님을 부르는 기도도 들리지 않았다.

그러나 하나님은 이미
그 밭에서의 만남을 준비하고 계셨다.

말씀이 없다고, 섭리가 없는 것이 아니었다.
그분은 지금도
우리가 알지 못한 채 한 걸음씩 걷는 그 방향 위에
섬세하게 당신의 구속사를 펼치고 계신다.

신앙이라고 해서 언제나 확신으로 시작되지는 않는다.
오히려 때로는
두려움과 무기력,
비겁한 듯 보이는 체념에서 신앙이 시작된다.

룻의 걸음은 작았지만,
그 작음 속에서 하나님은 길을 여셨다.
그리고 그 걸음을 통해
움직이지 않던 한 사람의 삶이
서서히 흔들리기 시작했다.

이제,
나오미는 어떤 밤을 준비한다.
그녀의 눈빛이 조금씩 달라진다.

천천히
그러나 분명히,
하나님의 섭리로 향하는 문이
조용히 열린다.

그 문틈으로 스미는 빛은
아직 작고 희미하지만,
믿음이 아니라 사랑으로,
소망이 아니라 배려로,
기도가 아니라 몸짓으로
그 문턱을 향해 누군가가 움직이고 있다.

운신조차 제대로 하지 못하던 나오미는
남은 모든 생을 끌어모아 자맥질을 시작한다.
이 모든 몸부림은 오롯이 룻을 위한 것이었다.

그런데, 하나님은 그 노인의 몸짓에
회복의 방향을 그려 넣고 계셨다.

무너진 자의 손길

그날 밤,
하루 종일 들판에 있던 룻은 곧 잠들었지만,
나오미는 눈을 감지 못한 채, 오랫동안 깨어 있었다.

결국 일어나, 룻이 가져온 보리와 밀을 마저 정리했다.
그러다가 그녀 마음에 한 문장이 다시 떠올라 맴돌았다.

"그가 헤세드를 그치지 아니하도다."

그 말은 분명 자신의 입에서 나온 것이었지만,
마음은 아직 따라가지 못했다.
그녀는 여전히 무너진 자리에 앉아 있었고,
하나님의 이름은 여전히 조심스러웠다.
'회복'이라는 말은 아직도 낯설기만 했다.

믿음의 언어는 때로는 소화가 느리다.
고백한 언어와 행동이 일치하는 것은
때때로 시차가 있다.

언행일치를 요구하는 목소리 앞에서
때로는 받은 응답으로
화답할 수 없는 이유이다.

그럼에도 룻은 매일 나갔다.
돌아올 때면 어김없이,
보리와 밀을 안고 돌아왔다.
그녀는 자기 자신을 위해 아무것도 요구하지 않았고,
자기가 어떤 사람인지 드러내려 하지도 않았다.

다만 함께 먹을 입이 있었고
함께 나눠야 할 이가 있었으며
수치와 위험을 무릅쓴
하루의 보상을 안겨야 할 이가 있었다.

그 일상에서, 누구하고도 쉽게 섞일 수 없던 건
그녀의 태생 때문이기도 했지만,
보금자리에서 자신을 기다리는 이 때문이다.
룻의 마음은 언제나,
나오미의 자리를 향하고 있었다.

그날 저녁, 룻이 잠든 후
나오미는 혼자 방 안에 앉아 있었다.
보리타작 소리가,
묵은 기억처럼 그녀의 귀에 와 닿았다.

그녀에게도 땅이 있었고,
농사도 지었기에—
추수 들녘 장면이 저절로 떠올랐다.

그러니, 계절감은 주의하지 않아도 느껴졌다.
보리 익는 내음을 가져다준 바람이
풍요의 밭을 훑을 때마다
그 바스락거리는 촉감까지 전해왔다.

집에 있어도—
그 밭의 정취는
나오미에게도 실려 왔다.

가브리엘 천사의 음성이
먼 훗날 한 소녀에게 닿았듯,
이름 없는 바람이
나오미에게 전달자의 역할을 했다.

바람은 가볍게 스쳤지만,
그 이름 하나만은
무겁게 가슴에 닿았다.

출렁이는 마음 한가운데,
닻처럼 내려앉은 이름—
보아스.

그는 말했다고 한다.
신세 망친 시어미를

홀로 둘 수 없어,

끝내 따라와 고생하는 며느리에게―

"네 모든 일이 내게 분명히 알려졌느니라"(룻 2:11).

그 한마디가 자꾸 마음에 남는다.

그의 친절은, 사정을 모르기 때문이 아녔다.

알고도 친절을 준다.

언약의 땅을 떠났고, 이방의 여인이고,

박복한 과부라는 걸

모두 알고도 손을 건넸다.

어쩌면―

그 사내라면…

나오미는 감히 하나님의 뜻을 말할 수 없었고,

그분의 이름을 똑바로 부를 자신도 없었다.

그러나 룻을 생각하면, 의지가 자꾸 생긴다.

그 아이만은…
무너진 삶의 잔해 속에, 나와 함께 둘 수는 없었다.
그 아이의 착함은 그렇게 사라지게 두어선 안 되었다.

그녀는 문득, 자신이 그 아이를 위해
무언가 해야 한다는 생각에 다다랐다.
그것은 기도도 아니었고, 찬양도 아니었다.
다만 삶을 위한 최소한의 책임,
무너진 자가 내밀 수 있는 유일한 손짓이었다.

그저 룻만은 살아야 한다는 마음이,
나오미를 가까스로 움직이게 만들고 있었다.

"내 딸아, 내가 너를 위하여 안식할 곳을 구하여
너로 복되게 하여야 하지 않겠느냐"(룻 3:1)

여느 때처럼 돌아온 룻에게
나오미는 입을 열어, 고심했던 것들을 털어놓는다.
마치 누가 들으면 곤란한 음모라도 되는 듯 낮게 속삭였다.

그런데 그건 계획이라고 하기엔 너무 어설펐다.

기도라고 하기엔 경건함이 없었고,

믿음이라기보다, 인간적인 발버둥이었다.

게다가 율법을 고려한다면,

지혜롭지 못한 자충수에 가까웠다.

공연히 룻만 위험하게 만들 수 있었다.

룻이 이스라엘 여인이었고, 율법을 배우며 자랐다면,

애초에 성립될 수도, 실천할 수도 없는 작전이었다.

나오미에 대한 충성심과 우정과는 별개로,

율법을 알고 있었다면, 그녀는 먼저

보아스의 후계 순위를 확인했을 것이다.

"가까운 기업 무를 자로서 나를 책임져 달라"고

정중하게 청원하는 것이 우선되었을 것이다.

그 이후의 절차는 장로들과 레위인들의 조율하에,

공적인 자리에서, 율법이 정한 방식으로 진행되었을 것이다.

하지만 룻은, 나오미의 판단을 따라
말이 아닌 몸짓을 택했다.

신중한 청원 대신,
위험한 발치에 몸을 맡겼다.

그녀는 이스라엘 여인이 아니었다.
율법과 절차를 알지 못했다.
그래서 이 어설픈 방식이
실제로 실행될 수 있었다.

"합력하여 선을 이루신다"(롬 8:28)라는 구절은,
오늘날 그리스도인이 좋아하는 구절이다.

그러나 정작 성경의 사례를 보면,
하나님이 그 선을 이루기 위해 사용하신 건
대부분 고장 난 것들이다.

주님이 주로 쓰시는 재료는—
실수, 자책, 부족함, 결여, 미련,
버림받은 돌, 형틀, 어부, 세리 등이다.

무엇을 합력할지 결정하는 건 우리가 아니다.
주님은 고장 난 것으로도 이야기를 빚으신다.

1장에서 고장 난 현실로 시작한 룻기는
3장에 이르러 고장 난 계획에 도달한다.

이 어설픈 계획이 만약 성공한다면,
그것은 룻도, 나오미도 아닌—
그 모든 어긋남을 하나로 엮으신
하나님의 손길 때문이다.

4장

믿음 없는 사랑, 지식 없는 순종

본문 | 룻기 3:1~18

나오미뎐 傳

계획하는 나오미

밤이었다.
곡식이 추수되어 타작마당에 쌓여 있었고,
보아스는 곡식을 지키기 위해 그곳에 누웠다.
룻은 그에게로 간다.
숨죽인 발걸음, 조심스러운 접근.
그리고 발치 이불을 들추고, 거기 눕는다.

이는 음모를 닮은 어떤 꾀다.
무모하고, 비도덕적이며, 어설픈 전략이다.
그 모든 계획은 실행하는 룻의 것이 아닌,
오직 나오미의 것이었다.

"내 딸아, 내가 너를 위하여
안식할 곳을 구하여야 하지 않겠느냐."
그녀는 질문처럼 말하지만,

사실은 결정의 통보였다.

룻은 순종하고, 말없이 움직인다.
그 인간적 계획의 이행자가 된다.
오직, 나오미를 향한 사랑과 충성 때문에.

룻기 3장은 성경에서 가장 미묘한 장면 중 하나다.
해석자들에게는 불편함을 주는 대목이다.
얕은꾀처럼 보이고, 성경답지 않은 장면처럼 보인다.

그러나 성경은 이 장면을 숨기지 않는다.
오히려 명징하고 명확하게 그려낸다.
벼랑 끝에 내몰린 한 노인이
서툴게 꺼낸 계획조차,
하나님은 사용하기로 작정하신다.

본문 어디에서도
나오미는 하나님의 뜻을 묻지 않았다.
보아스에게 언질을 주거나 뜻을 묻지 않았다.

그녀의 행동은 성경적 지혜와 거리가 있어 보인다.
마치 "이런 방식을 따라 하지 말라"고 말하는 듯도 하다.

그럼에도 그 성급한 계획 안에는
'어떻게든 너만은 살게 하겠다'는
절박한 사랑이 배어 있었다.
"내 딸아, 내가 너를 위하여…"
그 말은,
그 모든 감정의 응축이었다.

이 지점에서, 룻기 1장에서
두 며느리에게 전했던 축복이 다시 떠오른다.

"여호와께서 너희에게 인애를 베푸시기를 원하노라."

죄 많은 나 때문에,
죽은 두 아들.
그래서 신세를 망친 두 며느리에게
떨리는 목소리로 전했던 축복의 말 속에는,

나오미의 진심이 담겼다.

"이 늙은이는 홀로 고향에 가서 죽을 테니,
너희라도 새로 시집가서 회복하려무나."

나오미는, 간신히 남은 신앙과
자꾸만 흩어지는 기운을
마치 부스러기처럼 끌어모아,
필사적으로 품었다.

그것으로
모압인에게 차별이 만연한 이 땅까지 따라온
며느리 룻에게
작은 감사라도 건네고 싶었다.

늙은 자기와 함께 있어서는
룻이 구속을 얻지 못할지도 모른다는 생각에,
그녀는 기꺼이 갈라져 나올 각오로
자기 안의 최선을 다해본 것이었다.

이 장면에서
나오미에게 믿음은 없었는지도 모른다.
그녀의 계획은, 인간적인 기준으로도 지혜롭지 못했다.
그러나 사랑은 있었다.
사랑은 압도적으로, 나오미 안에 자리했다.
나오미의 삶의 이유 또한, 그것 하나로 수렴되었다.

그리고 성경은
그 미련하고 무지한 사랑을 정죄하지 않았다.
하나님은 그 사랑을 당신의 섭리 안으로 끌어안으셨다.
굳이 그 미련한 것을 품으셨다.

룻은 보아스에게 말한다.
"당신이 기업을 무를 자가 됨이니이다"(룻 3:9).

이 말은, 나오미가 룻에게 가르쳐 준 율법의 언어였다.

그러나 정작 그녀 자신은
그런 정당한 주장을 할 수 없었다.

언약적인 권리가 소멸한 것은 아니었다.

율법이 허락한 그 권리조차,
사람들의 인식과
암묵적 구조가 만든 벽 앞에서
도저히 입 밖의 말이 되지 못했다.

그녀는 언약의 땅을 떠났던 자이며,
그녀는 저주받은 자였기 때문이다.
또 남편과 아들의 신세를 망친 자,
권리를 말할 자격조차 없는 여인이었다.

그러나
언약도 율법도 완전히 벗어나 있던
모압인.
모멸의 대상, 수욕의 존재인
룻이 담대히 말한다.

나오미가 차마 입 밖에 꺼내지 못했던 그 언약,
온전한 공동체적 보호를 요구할 수 없었던 그 율법을
이방 여인 룻이 대신 말하기 시작한 것이다.

사실 그렇다.
상식대로라면,
재산을 노리고 무작정 침소를 찾은 모압 여인은
돌에 맞아 마땅하고,
언약의 땅을 한 번 떠났던 나오미는
조용히 죽을 날만 기다려야 했을 것이다.

하나님은 사람들의 눈치를 보지 않으신다.
상식도, 체면도, 질서도
그분의 섭리 앞에선 기준이 되지 않는다.
그래서 하나님은,
모압 여인의 입으로
언약의 권리를 담대히 말하게 하신다.

사정이 이렇다 보니,
나오미와 룻의 사랑 안에
혈통은 아무런 의미가 없었다.
하나님과의 관계도, 믿음의 실체도,
언약의 진정성도
출신으로 좌우되지 않았다.

이 불완전한 현실 안에서,
모두의 어설픈 몸짓 속에서도
오직 하나님만은
당신의 뜻을 완성해 가고 계신다.

십자가에서도 그러셨다.
인간들이 혈통을 구호 삼아 차별하자,
그리스도의 보혈로
모두를 덮어 버리셨다.
더는 출신이 핑계가 되지 못하도록
한 방울도 남기지 않고 쏟아내셨다.

조심스러운 밤길에서

결정은 나오미가 내렸고,

계획도 그녀의 것이었다.

그러나 그 밤을 실제로 살아내야 했던 사람은 룻이었다.

그녀는 이방 여인이었고,

베들레헴이라는 낯선 땅에서,

타작마당이라는 위험의 한복판으로 나아가고 있었다.

나오미는 "가라"라고 했다.

제아무리 룻이 이스라엘의 풍습을 잘 몰라도,

율법이 그저 생소해도,

여인으로서 그 명령이 얼마나 위험한지 안다.

얼마나 두려운지는 안다.

그럼에도 그녀는,

옷을 갈아입고,

몸을 씻고,

숨을 고르며,

발걸음을 내디뎠다.

룻은 지금 하나님의 뜻이 무엇인지 알지 못한다.

아니, 하나님이 어떤 분이신지도 아직 제대로 알지 못한다.

지금으로 치면, 룻은 그저 새신자이다.

그러나 그녀는

사랑하는 어머니의 목소리를 따라 움직이고 있다.

그 사랑을 의지한다.

그녀라고 마음이 강철로 만들어졌을 리 없다.

그녀라고 해서 철인 같은 믿음을 가졌을 리 없다.

불안한 중에도, 두려움 속에서도 룻은 걸어간다.

나오미가 가여운 며느리 룻만이라도

행복하길 바랐듯,

룻 역시 무너진 어머니와 끝까지 함께 살아내겠다는
작고 단단한 의지를 품고 있었다.

그러다 보니, 이 이방 여인의 걸음에서
훗날 황후 에스더의 "죽으면 죽으리이다"(에 4:16)
결단의 고백이 겹쳐 들려온다.

공교롭게도
하나님의 이름이 단 한 번도 등장하지 않는 에스더서와,
하나님의 이름을 부를 수 없었던
이방인의 이름으로 쓰인 룻기가
이 사랑의 결단 안에서, 시대를 초월해 맞닿는다.

믿음이란
언제나 명확한 계시를 따라 걷는 것만은 아니다.
사랑으로 던져진 한 마디를 따라
비틀거리며 발을 내딛는 일이 잦다.

우리 하나님은,

침묵에서도 우리 간구를 발견해 내신다.

침묵을 품지 못하는 것은,

오직 우리이다.

기도와 말과 거룩한 단어와,

강렬한 고백에 중독된 우리이다.

그 밤은 여느 때와 같았다, 새로울 필요가 없는 밤.

룻의 발걸음 위에

하나님의 섭리가

아무도 모르게

내려앉고 있었다.

보아스의 응답, 하나님의 질서

보아스는 룻의 갑작스러운 접근에
소스라치게 놀랐지만,
이내 침착하고 이치에 맞는
사려 깊은 말로 답한다.
"내 딸아, 두려워하지 말라.
내가 네 말대로 다 행하리라"(룻 3:11).

그리고 덧붙인다.
"내가 기업 무를 자 중의 하나이지만,
나보다 더 가까운 자가 있다."
이 말은 단순한 법적 사실을 전달하려는 게 아니다.
보아스는 지금 하나님의 언약 질서를 지키고 있는 것이다.
그는 할 수 있다고 해서 그저 행하지 않는다.
나오미와 룻이 놓친,
정당한 절차, 올바른 질서를 상기시킨다.

나오미가 없었더라면 떠오르지 못할 계획,

룻이 없었더라면 실행할 수 없었을 위험,

그리고 보아스가 없었더라면 확립되지 못할 절차들이,

오직 하나님의 질서 속에서 상보적으로 움직이기 시작한다.

이는 하나님의 회복 방식을 보여주는 장면이다.

하나님은 단순히 빠르게 일하지 않으신다.

조급한 것은 언제나 인간이다.

실패를 두려워하기에 서두르고,

기회를 놓칠까봐 불안해한다.

실패를 모르시는 하나님은,

당신의 시간표에 맞춰서

빠르지도 늦지도 않게

꼭 알맞고 정확하게 일하신다.

보아스는 룻에게 보리를 안겨 보내며 말한다.

"빈손으로 네 시어머니에게 가지 말라."

그 말 한마디에, 나오미의 상황과

그녀를 향한 하나님의 마음이 어른거린다.

나오미는 돌아올 때 빈손이었다.
마음 또한 지금껏 텅 비어 있었다.

보아스는 그 빈손을 채워주고자 했다.
하나님 역시 그러하셨다.
언약의 땅으로 돌아온 여인의 손에,
무엇이라도 쥐어주고 싶어 하셨다.

룻이 돌아와 상황을 전하자,
나오미는 말한다.
"그 사람이 오늘 이 일을 성취하기 전에는
쉬지 아니하리라"(룻 3:18).

나오미 안에서 신뢰와 기대가 소생하여,
장면 전체를 아련히 수놓는다.
그녀는 지금,
"그 사람"을 통해 하나님의 일하심을 본다.
이에 대한 암시는 2장에서
하나님의 역사와 보아스의 손을 중첩하여 표현함으로

이미 제공되었다.
그러므로 나오미는 보아스를 믿는 것 같지만,
사실은 보아스를 통해서 일하시는
하나님을 다시 신뢰하고 있다.

"시어머니에게 빈손으로 가지 말라"
이 짧은 말 안에, 룻기가 품고 있는 회복과 은혜의 결이
고스란히 담겨 있다.

이를 통해 나오미는,
자신이 아직도 빈손이라는 사실을
누군가 기억하고 있다는 따스함을 느낀다.
그리고도 빈 품인 채로 두고 싶어 하지 않는 사람이
세상 어딘가에 있다는 사실을 체감한다.

제삼자의 관점에서
표면적으로 이야기를 살피면,
회복은 느닷없이 퍼붓는 봄비와 같다.

하지만, 수혜자의 입장에선
회복은 갑자기 일어나지 않는다.
그건 긴 시간의 기다림,
응답 없는 세월을 견뎌온 자만이
조금씩 음미할 수 있다.

나오미의 찬양이나 기도는 적혀 있지 않다.
그러나 그녀는 하나님이 일하고 계심을 말하기 시작한다.
그것만으로 믿음은 다시 단단한 껍질을 뚫고,
새싹을 내놓는다.
거친 대지에도 뿌리를 내리기 시작한다.

신앙은 단지 말하는 것이 아니다.
하나님을 믿는다는 말을 안 해도,
그분이 일하신다고 느낄 수 있다면,
그 신앙은 이미 다시 살아난 것이다.

룻기 3장은 믿음 없이 짜인 계획이,
하나님의 섭리 안에서

얼마나 정교하게 조율되는지를 보여준다.

고생길을 따라온 며느리의 행복을,
남은 생의 유일한 소망으로 삼은 노인도,
모압 여인이라 차별받는 과부도,
그들의 서글픈 몸짓도,
하나님은 모두 회복의 재료로 사용하신다.

그렇게 모든 선한 것은,
인간의 신실함에 의해 성립되지 않고,
하나님의 신실하심으로 완성된다.

그저 룻을 위해

깊은 밤조차
섭리 안에서 활용된다.

룻이 타작마당으로 간 후
나오미는 그저 기다리고 있었다.

만약 이 계획이 어그러져,
룻에게 무슨 변고라도 생긴다면,
나오미 또한 더는 살 수 없다.

죽으면 죽으리라는 각오로
목숨을 건 것은, 룻만이 아녔다.
나오미 또한, 목숨을 걸었다.

그녀는 이제 자신이

여전히 살아 있는 사람처럼 느껴지지 않았다.
시간은 그저 곁을 스쳐 흘렀고,
'축복'이라는 말도, '미래'라는 단어도
더는 자기와는 무관한 것처럼 느껴졌다.

그녀는 끝난 사람이었다.
더는 회복되지 않을 이름,
더는 열리지 않을 품,
더는 어떠한 계보에 오르지 않을 사람.

그녀는 스올에 가까운 자였다.
삶보다는 죽음이 익숙했고,
기쁨보다는 통증이 먼저 찾아왔다.
이제는,
며느리의 행복만을 삶의 이유로 삼는 자가 되어있었다.

룻만은 살아야 한다.
그 아이만큼은, 자기처럼 마라가 되어서는 안 된다.

그럼에도 그녀가 낸 계획은 조잡했고,
어떠한 응답을 받은 흔적도 없다.
그녀가 가진 것이라고는,
간절한 바람뿐인 집념이었다.

그런데도 보아스는 움직였고, 룻은 받아들여졌다.
그날 이후, 룻의 얼굴에는 햇살 같은 기운이 돌기 시작했다.
그 눈동자 속에는 미래를 향한 소망과 신뢰의 빛이 차올랐다.

나오미는 그 모습을 바라보았다.
그리고 룻을 따라, 가만히 웃었다.
그 미소는 자신을 위한 것이 아니었다.
그녀는 여전히, 자신을 끝난 존재로 여겼다.

룻이 회복된다고 하더라도,
보아스가 기업을 무른다고 할지라도,
죽은 남편이, 죽은 두 아들이 돌아올 리 만무하다.

이 이야기는 당혹스럽다.

익숙한 결단도, 극적인 회복도 없다.
인간으로 시작해서 인간으로 저무는 것만 같다.

그래서 어떤 경건한 지성인들은,
떨리는 손으로 이 책을
그저 하나의 내러티브로 분류하여,
흥미롭게 구성된 문학으로 해석하려 한다.

그러나 그런 학명을 붙인다고 해서
나오미의 육신이 사라지는가?
그녀의 아픔이 지워지는가?

그 모든 삶의 증언이
그저 어떤 왕조의 정당성을 지탱하는,
잘 꾸며진 정치적 내러티브로
치부될 수 있을까?

나오미의 삶은
역사적인 상징과 신학적인 기호에 불과한가?

후손은, 학자는, 설교자는
때로는 이토록 잔인하다.

한낱 말을 위해
분명 존재했던 한 사람의 삶을
문장 속으로 흡수해 버린다.
애석한 일이다.

우리가 아무리 노력해도,
나오미는 절대로 지워지지 않는다.
룻도 지워지지 않는다.
성경에 등장한 그 누구도
우리의 해석이라는 폭력 앞에서
소멸하거나 사라지지 않는다.

오히려, 사라지는 것은 하나님이시다.

그들을 지우려는 순간,
오히려 하나님이

우리의 책에서,

우리의 노래에서,

우리의 고백에서,

설교의 언어에서,

그분의 거룩한 흔적과 함께

말끔히 사라지신다.

왜냐하면 하나님은,

가장 기가 막힌 서사 안에서도

나오미의 호흡에 호흡을 맞추시고,

그녀의 걸음에 걸음을 포개시며,

그 존재를 당신의 날개로 덮어 보존하셨기 때문이다.

그러니, 성급하게 그녀를 지우려 한다면

먼저 하나님부터 해체해야 할 것이다.

5장

잊히지 않는 구속

본문 | 룻기 4:1~12

나오미傳

이름 없는 가까운 자

보아스가 성문에 앉았다.

베들레헴에서 성문은 단순한 출입구가 아니다.

사람들이 모여 소식을 전하고,

중요한 재판이나 계약을 결정하는 공적 장소다.

그곳을 지나가던 "가까운 친족"을 불러 옆에 앉게 한다.

그 사람은 룻과 나오미의 기업을 물을 자격이 있는 사람이다.

그러나 우리는 그의 이름을 알 수 없다.

우리말 성경은 그를 단지 '아무개'라 부른다.

히브리어로는 '알모니'이며,

'이름을 은폐하여 알 수 없는 어떤 사람'을 의미한다.

이 구절은 룻기 전체에서 유일하게

의도적으로 이름을 숨기는 장면이다.

그는 책임 있는 위치에 있었고,

법적으로 앞선 결정권을 가진 사람이었지만,

그의 이름은 계보에 남지 않는다.

그가 기억되기를 원하지 않았기 때문이다.

보아스는 그의 권리를 존중한다.

먼저 "기업을 무르겠느냐"고 묻는다.

그는 처음엔 "무르겠다"고 대답한다.

그러자 보아스는 룻도 함께 책임져야 함을 밝힌다.

그러자 그는 말한다.

"나는 내 기업에 손해가 있을까 하여

나를 위하여 무르지 못하노니…"

말은 정당하다.

계산은 합리적이다.

판단은 틀리지 않았다.

그리고 틀리지 않았기에,

그는 기억되지 않았다.

성경은 그의 이름을 기록하지 않았고,
하나님은 그를 구속사의 줄기에 포함하지 않으셨다.

이토록 정당하고,
이토록 합리적이고,
이토록 타당한 선택이지만
하나님 앞에서는 무의미했다.

사랑한다는 말 한마디,
따뜻하게 손을 잡아주는 행동
그것보다 못한 선택이었다.

구속사는 유능한 사람에게 주어지지 않는다.
사랑하는 이에게 주어진다.

그 사랑이 미련할수록
굵은 글씨로 주님의 계보에 남는다.

그래서 우리가 믿는 이 믿음은,
유일하게 미련함을
자랑하는 종교가 되고 말았다.

우리가 미련하자,
율법도 미련함을 입고,
구속도, 사랑도, 십자가조차
그 미련함으로 옷 입는다.

하나님은 저 멀리 높은 곳에서
우리를 기다리고 계시지 않는다.
오히려 임하신다.
진토 더미에도 임하신다.
그리고 우리를 일으켜 세우시고
방백과 함께 있게 하신다.

또한 하나님은 기억하시는 분이다.
우리는 그것을 구약 내내 보아왔다.
그분은 당신의 사람을 잊지 않으시고,

어떤 이름은 창세기부터 요한계시록까지 이어진다.

하나님을 사랑하는 이에게 주어지는 영광이며,
하나님께 사랑받는 이가 누리는 특권이다.

사람은 잊어도,
하나님은 잊지 않으신다.
그는 우리를 이름으로 아신다.

사람은 저마다 순번이 있고, 순서가 있지만,
주님의 품에는,
언약의 울타리 안에는,
오직 택함을 입은 자만 들어온다.

그래서 이 장면은
예수님의 포도원 품꾼 비유와도 겹친다(마 20장).
먼저 된 자가 나중 되고,
나중 된 자가 먼저 되는 장면이
하나님의 나라 안에서 반복된다.

이것은 인간의 결단으로 정해지는 일이 아니다.
먼저 될 자와 나중 될 자를
포도원의 주인이 정한다.
비유를 따르면, 천국이 직접 초청한다.

이 비유는 곧 예수님의 자전적 서사다.

예수님은 근본 하나님의 본체시나,
하나님과 동등됨을 취할 것으로 여기지 아니하시고
오히려 자기를 비워 종의 형체를 가지시고
인간의 역사 속으로 더 가까이 오셨다(빌 2:6~7).

천국의 모든 전력을,
가장 귀중한 보화를,
이 땅에 내주셨다.

예수님은
벌레 같은 인간을 위해
몸을 입고,

격통을 입고,
무너진 자리로 내려오셨다.

그리고 십자가에서 이름을 잃고
대신 죄목으로 불리며 죽으셨다.

우리를 기억하시기 위해.
우리 단단한 마음속,
무감각한 심령 속으로 침투하시기 위해.

주님의 은혜는
우리 마음의 틈 사이를 비집고 들어오신다.
오직 홀로, 고독하게 세상에 침노하셨던 주님은
그렇게 혼자 모든 전투를 감당하시고도
우리가 침노한 것처럼 여겨주셨다.

그 자기 파괴적 공로에 대해
아무런 설명도 직접 남기지 않으셨다.

그저,

천국이 이제

너희의 것이라 말씀하셨다.

어째서…

그게 주님의 사랑이다.

그 미련한 사랑이다.

그게 복음이다.

그 미련한 복음이다.

그 대가로 주님은

십자가에서 완전히 파괴되셨고,

육신의 이름으로는 잊히셨다.

세례 요한의 존재는 여타 기록으로 확인된다.

그러나 유독,

주님은 세속 기록에 거의 남지 않으신다.

그 이유는 분명하다.

그분은 기억되기 위해 죽으신 것이 아니라,
우리를 기억하시기 위해 죽으셨다.
당신이 대신 잊히기를 선택하셨다.

의무보다 마음이 앞선 자

보아스는 법을 어기지 않는다.

순서를 어기지도 않는다.

승계 순위가 높은 아무개가 먼저 결정할 수 있도록

자리를 내어주고,

그의 결정이 내려진 뒤에야 자신이 구속자로 나선다.

그의 마음은, 이미 오래전부터 한 곳을 향해 있었다.

보아스는

룻을 향한 긍휼,

나오미를 향한 책임,

그리고 하나님 앞에서의 신실함 때문에 이 길을 선택한다.

그 길은, 아무개가 치밀한 계산으로

손해라고 이미 선언한 길이다.

그는 룻만을 사랑한 것이 아니라,
룻 곁에 있는 나오미의 인생까지 함께 짊어지고자 했다.

보아스는 기업 무를 자로서
단지 땅을 구매하는 선택을 하지 않는다.
그는 한 여인의 남은 생을 끌어안는 결정을 내린다.

그가 장로들과 모든 백성에게 말한다.
"엘리멜렉의 모든 것을 나오미를 위해 속량했다.
또 룻을 나의 아내로 맞이하여,
그 가문의 기업을 끊어지지 아니하게 하리라"(룻 4:9~10).

이 고백은 단순히 애틋한 로맨스가 아니다.
비록 자기가 큰 손해를 보더라도,
모든 것을 잃고 몰락힌 힌 노인의
가문과 언약, 존재 전체를 회복하겠다는 선언이다.

그는 기업을 무르면서,
룻만이 아니라

그녀와 함께 있던 고통의 서사,
나오미의 비극도 함께 품고 있는 것이다.

그런데 이 중요한 장면에서
정작 나오미는 등장하지 않는다.

이야기의 중심에서 비켜서 있다.
이야기의 배경 속으로 물러나 있다.

그러나 성경은 분명히 말한다.
이 모든 일이 나오미의 회복을 위한 장면이다.

그 시점에, 보아스는 나오미를 직접 만나본 적이 있었을까?
여백은 풍성한 상상이 깃들 자리를 주지만,
한편으로는 참을 수 없는 궁금증과
아련한 그리움마저 안긴다.

서사 전면에 등장하지 않은 나오미.
그러나 눈에 보이지 않는 그녀를

모른 척하지 않은 한 사람의 손을 통해,
그녀는 다시 호흡한다.

신앙은 때로 손을 들지 않아도 좋다.
일어서지 않아도 괜찮다.
강단에 나가서 간증하지 않아도 된다.

진짜 회복은
목소리를 높이는 자에게만 일어나는 것이 아니다.
무대 뒤에서,
남몰래 고통을 견뎌낸 자도,
하나님은 놓치지 않으신다.

하나님은
당신의 이름조차 부르지 못하는 자도 기억하신다.
사람은 잊어도, 인간들은 몰라줘도,
주님은 택하신 자를 단 한 명도 놓치지 않으신다.

그 모든 택하심을 입은 자를 위해서,

또한, 주님의 사람들을 사용하신다.

룻기에서 주님의 사람은 보아스였고,

그가 보여준 구속은

예수 그리스도의 복음의 그림자가 된다.

십자가도 그러했다.

우리가 아무 말도 하지 않았을 때,

우리가 여전히 하나님을 오해하고 있을 때,

성경에 따르면,

우리가 아직 주님의 원수 되었을 때에,

주님은, 독생자를 주셔서

그 사랑을 확증하셨고,

대속을 통해 구속을 완성하셨다(롬 5:8).

말하지 못한 자,

말할 수 없었던 자,

말할 자격조차 없었던 자를 위해,

그분은 더는 성전에서

우리를 기다리지 않으시고,
거리로 나오셨고,
군중 사이로 임하셨다.

임마누엘 하시는 하나님.

누군가 믿음으로 구했던,
시편의 노랫말은,
공생애를 통해 육화하여,
체험이 되었다.

룻기에서도—
애초부터 가까웠던 아무개의 이름은 사라졌지만,
미련한 발걸음을 내디뎌
가까이 다가간 자의 이류은
다윗의 계보에 새겨졌다.

룻이 두려움을 안고 걸었던
그 밤의 걸음—

나오미의 미련한 계획을

따라 걸었던 그 길—

보아스 또한,

화답하듯

미련한 사랑으로

걷고 걸어—

율법적 우선순위—

언약의 간격에서도

그 거리만큼

걸어서 좁혀 만났다.

그리고 하나님은

누가 자격이 있느냐보다,

누가 사랑으로 움직였는지를 기억하셨다.

사이에 선 두 여인

보아스가 성문에서 모든 절차를 마치고 돌아왔을 때,
나오미의 표정은 알 수 없다.
성경은 그녀의 표정도, 안도하는 숨소리도 기록하지 않았다.

다만 보아스의 다 이루었다는 선언으로 설명을 대신했다.
"내가 엘리멜렉과 기룐과 말론에게 있던 모든 것을
나오미의 손에서 샀다."

그 선언에 대한 반응은
오직 주변인들의 것이다.
주변인들은 나오미를 축하한다.
나오미의 반응은 없다.
성경은 집요하게 나오미에 대한 묘사를 아낀다.
마치 그녀의 표정을 그려 넣는 순간,
그녀가 통과한 삶의 여정이 흐려진다는 듯—

나오미의 반응을 최대한 아끼며 좀처럼 그리지 않는다.

그저 모든 여백과 행간을 행복의 색으로 물들인다.
그러다 보니, 나오미의 무채색 표정은,
주변의 반응에 덮인다.

그 자리에서 머물러, 보아스의 선언을 살피니,
어떤 섭섭함이, 어떤 시원함이,
어떤 역설적인 슬픔이 보인다.

나오미에게 있던 부채와 상속권,
책임과 권리,
나오미만 짊어져야 했을 것들을—
구속자로 등장한 보아스가 모두 샀다.

나오미의 빈손,
그 안의 텅 빔까지도 이제는 그의 것이다.

그런데, 그 빈자리에는,

역설적으로

모든 것을 잃는 과정에서

나오미가 얻은 단 하나도 담겼다.

룻이다.

보아스는 나오미의 아픔만 가져가지 않았다.

보아스는 나오미에게 유일하게 남은,

룻도 데려갔다.

이러한 상실은,

마치 홀로 키워낸 딸을,

결혼이라는 축복과 행복의 축제를 통해—

내어주는 아버지의 마음과도 같다.

주변인들은 칭송하고 찬양하며 기뻐하는데—

이상하게, 아버지는 눈물을 흘린다.

축제와 예식은,

그 눈물의 의미를 성급하게 '기쁨'으로 덧칠한다.

하지만,
실은 오롯이 기쁨이 아니기에,
시집을 가는 딸에게만은 그 마음이 전이된다.
그래서 가장 행복해야 할 신부 뺨에도
아비의, 어미의 눈물이 흐르는 법이다.

그 기쁜 소식을 들은 직후,
나오미는 혼자 안쪽 방으로 들어가
룻이 있는 쪽을 오래 바라보았을 것이다.

그 눈빛은
미래를 기대하는 사람의 것이라기보다,
자기 자리를 조용히 정리하는 사람의 눈빛 같았다.

나오미는 안다. 이제 자기의 역할은 끝났다.
한 많은 인생. 곡절 많았던 인생길,
이 모든 것은 룻이라는 아이의 행복이 피어나기 위한
거름이면 족했다.
다만 그렇게 생각했을 터다.

남편과 두 아들의 신세를 망친 여인에게는
족보에 기록되는 것은, 사치다.
이대로 잊히면 그만이다.
이대로 회복된 것으로 기억되면 그만이다.
조금만 더 살다가, 그렇게 묘비에 남기고,
사라지면 그만이다.

나오미는 룻을 위해
계획을 세웠고,
움직였고,
기다렸고,
이제는 물러나 있다.

자기 이야기를 내려놓고,
누군가의 이야기를 이어가게 물러나는 것.
그것이 이제 그녀에게 남은 마지막 신앙의 형태였다.

이 급격한 전개에,
시끌벅적한 잔치에—

룻 또한 목소리를 잃는다.

4장에서 룻 또한, 동사를 입지 못하고,

누군가의 아내로, 누군가의 신부로,

축하의 대상이 된다.

하지만 이러한 목소리 상실은, 능동적이며 자발적이다.

그렇기에 이는 목소리를 잃었다기보다,

나오미의 침묵으로 함께 걸어 들어간, 동참에 가까웠다.

어느 밤

시간은 행간에서 흐르고
룻은 배 속, 생명을 느낀다.

요란한 축제가 지나간 그 자리에
생명이 조용히 깃든다.

나오미가 조용히 계획했듯,
룻 또한 말 없이 계획한 바가 있다.
때로는 기록하지 않았기에,
여백에 두었기에,
더 선명하게 보이는 것도 있다.

구속이 찾아온 그 은혜의 날 이후,
기록이 없이도 지나간 밤들이 그랬다.

6장
텅 빈 품, 안긴 아기

본문 | 룻기 4:13~17

룻의 출산, 나오미의 품

어느 날 아침, 울음소리가 집 안 가득 퍼졌다.
여인들이 문을 열고 들어와 룻의 방을 축복으로 채웠다.

나오미는 뒤편에서 조심히 서 있었다.
그녀는 아기의 얼굴을 보지 못한 채,
룻의 손과 표정만 바라보았다.

그러다 문득, 룻이 다가와 말했다.
"어머니, 이 아이를 좀 품어주시겠어요?"

그녀는 얼떨결에 두 팔을 내밀었다.
아기는 가벼웠다.
그러나 그 품에 안긴 순간,
그 아이는 무게보다 깊은 무언가를 그녀에게 건넸다.

생명의 기운.

연쇄되는 은혜.

축복이 축복을 불러오는 감각.

그녀는 한 아기를 안았을 뿐인데,

그 아이는 그녀의 오래된 무너짐을 조용히 감싸기 시작했다.

그녀가 알 리 없는 구절들이,

그 장면 위로 가만히 겹친다.

"사랑하는 자들아, 우리가 서로 사랑하자."
"하나님은 사랑이시니,
사랑 안에 거하는 자는 하나님 안에 거하고…"

룻은 나오미를 위했고, 나오미는 룻을 위했다.

그 사랑은 서로의 것을 탐하지 않았고,

서로가 살아남기를 바랐고,

서로의 회복을 위해 자신의 회복을 내려놓은 사랑이었다.

말씀이 주어지기 전에

이미 살아낸 것이다.

오직 은혜로.

그리고 그 사랑 안에, 하나님이 계셨다.

요한은 말했다.

"보라, 하나님이 이같이 우리를 사랑하셨은즉,

우리도 서로 사랑하는 것이 마땅하도다"(요일 4:11).

하나님은 그 둘 사이에 침묵으로 머무르셨다.

말씀하지 않으셨고, 설명하지 않으셨다.

그러나 그녀의 품에 아기를 안기심으로 응답하셨다.

"이웃의 여인들이 그에게 이름을 주되

나오미에게 아들이 태어났다 하여…"

아이는 룻이 낳았고,

오롯이 그녀가 산통을 겪었다.

그러나 사람들은 그것을 나오미의 아이라 불렀다.

회복은 그렇게 도착한다.

자신이 낳지 않은 것을 품는 방식으로,

자신의 것이 아닌 것을 맡아 안는 방식으로.

오랜 광야를 지나며,

부모를 사막에 묻고, 희망마저 메마른 그 길 끝에서,

이스라엘은 알게 되었다.

그들에게 주어진 회복은

그들 손으로 일군 것이 아니라,

그저 주어진 언약이었다.

빈 품에 생명을 안은 나오미처럼,

그들의 손으로 짓지 않은 집과

그들이 경작하고 가꾸지 않은 땅에

거하게 하신 은혜를 경험했다(신 6:10~11).

사람들을 통해 하나님은 나오미에게 말씀하신다.

"네가 이 아기를 품에 품을 자이다."

나오미는 실상
아이를 품을 만한 행동은
아무것도 하지 않았다.
그러나 하나님은 그녀의 품을 회복 자리로 사용하신다.

복음은 종종 이렇게 도착한다.
내가 기도하지 않았는데,
내가 회복을 선언하지 않았는데,
내가 찾지 않았는데

내게 맡겨지고,
내게 안기고,
내 손에 쥐어진다.

그것은
내가 가진 신앙의 결과가 아니라,
하나님의 기억과 선행된 사랑이
내 삶에 개입한 증거이다.

나오미의 목소리는 여전히 없다.
그런데 조금 다르다.
그녀의 고백과 감사, 찬양이
존재하지 않아서 적지 않은 것이 아니다.
실은 너무나 당연해서
굳이 기록할 이유가 없다.

적지 않았기에,
더욱 선명하게,
수천 년의 세월을 넘어
우리에게 들린다.

이 순간 시공간을 압축해서
우리에게 도달하는
따스함이 있다.

아기를 품기 위해서
우선 텅 비어 버린,
나오미의 품의 따스함.

그래서 그녀는 말 대신 아기를 품고 있다.

그리고 그 품에 안긴 아이가
다윗으로 이어지고,
메시아로 이어진다.

우리 모두를 안으신
메시아의 품은,
이렇듯,
나오미의 품으로 시작했다.

텅 비었기에,
너무나 따스하게
안을 수 있던 품.

하나님은 때로
입으로 말할 수 없는 자에게
몸으로 복음을 안도록 하신다.

말하지 않아도 되는 신앙.

설명하지 않아도 증언이 되는 믿음.

그것이 지금, 나오미의 자리이다.

우리는 종종 묻는다.

"내가 무엇을 해야 회복될 수 있는가?"

이 질문은 부자 청년의 슬픈 뒷모습을 떠오르게 한다.

율법도 지켰고, 주님을 알고 싶었던 청년.

하지만 행위 구원이라는 틀을 버리지 못하고,

그 안에 갇혀서,

생명의 근원인 주님을 알아보지 못했던

슬픈 청년.

"내가 무엇을 하여야 영생을 얻으리까?"(눅 18:18).

그 청년의 마음을 꿰뚫어 보신 주님이

그 청년의 관념 너머에서 부르신다.

그 청년이 도무지 포기할 수 없었던 걸

콕 짚어 요구하신다.

이는 다른 제자에게는,

삭개오에게도—

백부장에게도—

요구하신 적 없는 것이다.

이 청년을 위한 대답은

실은 룻기가 이미 증언했다.

유대인에겐 익숙해서 그저 동화였을 룻기에

부자 청년도 알만한 형태로

이미 담겼다.

회복은,

내가 이룬 것이 아니라

하나님이 나에게 주신 것을 품음으로써

시작되고, 완성되는 것이다.

복음은, 영생은, 구원은,

내 안에서 자라난 것이 아니라

내게로 온 것이다.

이사야의 표현대로

내게로 안기어 온 것이다(사 60:4).

그렇기에 텅 빈 품으로도

우리는 살아낸다.

바로 다음 순간,

다시, 날이 밝을 때,

이 고개만 넘어가면,

주님이 품에 안겨 주실 은혜를 기대하며.

품 안의 아기, 대신 울어주는 복음

처음에 나오미는 아기를 어색하게 안았다.
그 품은 너무 오랫동안 비어 있었고,
아기를 안아본 기억은 머릿속에서 희미하게 사라졌었다.

팔의 위치가 어색했고,
손끝은 떨렸다.
그녀는 울 수도, 웃을 수도 없었다.
마음 놓고 기뻐하지도 못했고, 터놓고 항변하지도 못했다.

기대하지 못했고,
예상하지 못했던 따스함과 박동에
행여나 놓칠까—
그저 품었을 뿐이다.

마치 이 생명이 자기 품에 머물러도 되는지

스스로 묻듯, 모든 힘을 팔과 허리에 보듬어 받아들였다.
하지만 행여나 아이가 불편할까 봐
그 품은, 그 손은, 그 가슴에는
응어리진 감정 하나 남기지 않고,
보드랍게—

이상하다.
운신도 제대로 못 하던 노인이었지만,
아기를 안을 힘은
어디선가 흘러, 그녀 안에 고인다.

여인이 아이를 안는다는
상투적인 장면과는 결이 다르다.
왜냐하면, 삶에 새겨진 기억 때문이다.

룻기 기록 어디에서도,
나오미를 비난하는 언어는 적지 않았다.
하지만 인류가 약자를 대해온 역사를 생각하면,
그런 말들이 없었을 리 없다.

룻기 속 나오미의 언행은,
사회적 말에 짓눌린 사람의 것과 닮았기에—
맥 없이 떠오르는 건, 슬픈 예감이다.

박복한 여인,
자신의 불운으로
남편과 두 자녀의 신세를 망친 여자.
저주받은 자.

그녀는 괴로웠을 것이다.
때로는 언어 때문에,
때로는 잔인한 침묵과 시선으로.

그러나 하나님은,
그런 말이 감히 룻기에 기록되지 못하게 하셨다.
나오미를 존엄한 존재로 남기셨다.

그런데 룻기는 지운 그 말들이
많은 세월이 흐른 오늘 되살아났다.

나오미를 해석한다는 미명 아래—
그녀를 재단하는
우리의 입술에서.

나오미는 걱정되었다.
내 불행함이—
내 곁의 죽음이—
행여나 이 아기에게 전달되어
이 아이도 저주를 받을까 봐.

참 이상하다.
불행이 전염된다는 식의 근거 없는 사고가
왜 이토록 끈질기게 존재할까?

율법에 기록한,
깨끗한 것이 더러운 것과 접촉하면,
부정해지는 원리 때문일까?
그렇지만, 더러운 우리에게 손을 대서,
깨끗하게 해 주신 주님을 떠올린다.

어째서인지, 구약, 오래전 이야기에서,
이후 오실, 주님의 손길이 떠오른다.

이름을 잃은 여인.
자신을 스스로 '쓴 고통'이라 불렀던 자.
이제는 축복이 자신을 지나쳤다고 믿었던 사람.
그녀는 아직, 회복을 말할 수 없었다.

그런데 그 품 안에서
아기가 갑자기 웃었다.

입꼬리가 천천히 말려 올라갔다.
아기의 눈은 작은 진주처럼 빛났고,
그 맑은 망울은 바다처럼 나오미를 품었다.
파도 같이 우물이는 입술 사이로 "꺄르브"
작고 맑은 소리가 새어 나왔다.

나오미는 그 웃음을 보며 아무 말도 하지 못했다.
오히려 어안이 벙벙해졌다.

그 작은 생명은
아무 이유 없이 방긋거리기도 하고,
아무 데도 아프지 않은데
갑자기 울음을 터뜨리기도 했다.

그 울음은 잠깐 멈추었다가
다시 이어졌고,
그러다 옹알이처럼 조잘거리는 소리도 냈다.

나오미가 오래전 잊은 소리.
그녀가 홀로 꾹 닫아두었던 기억.

한때 그녀에게도 있었던
남편을 부르고,
아이를 부르던 목소리.

그러나 이제는
감히 꺼내기조차 어려운 이름들.

스올과 가까운 존재는 내지 못하는 소리.

입을 닫고 사는 사람.

그 무엇으로도 항변하지 못하는 사람.

이제는 슬픔조차 표현할 수 없는 텅 빈 가슴.

그 품에, 그 자리에,

아기가 안겨 와 대신 울어주었다.

조용한 집 안에서,

작은 생명이

그녀의 고통을 대신 애곡해 주었다.

대신 운다는 건,

사랑이 시작되었다는 증거였다.

"당신이 울 수 없을 때,

내가 대신 울게요."

나오미에게
아기의 울음은
그렇게 들렸다.

나오미는 그 소리를 막을 수 없었다.
그 아이만은 나오미의 과거를 묻지 않았고,
아무 자격도 요구하지 않았다.

그저 품에 안긴 채
그녀의 침묵을 대신해 울고,
웃고,
옹알거렸다.

하나님은 그렇게 응답하셨다.
고백을 대신한 아이의 소리로.
찬양보다 먼저 울음으로.
회복이라는 말 대신,
그 품 안에 주신 생명으로.

그리고 그 품 안에선
이방 여인의 우정이,
말 잃은 여인의 절망이,
하나님의 은혜 안에서
조용히 숨을 쉬고 있었다.

복음은 그렇게
말하지 못하는 자를 위해,
우는 아기로 다가왔다.

결국 살아낸 여인, 여백에 머물다

이웃 여인들이 나오미에게 말했다.

"찬송할찌로다
여호와께서 오늘날 네게 기업 무를 자가 없게 아니하셨도다."

이 말은 룻을 향한 말이 아니다.
나오미를 향한 축복이다.

말하지 않는 여인,
기적을 요구하지 않았던 여인,
삶의 회복을 간청하지도 않았던 여인에게
사람들이 "여호와를 찬송하라"고 말한다.

그리고 한마디를 덧붙인다.
"이는 네 생명의 회복자며,

네 노년의 봉양자라."

놀라운 표현이다.

'생명의 회복자'라는 말은

성경 어디에서도 나오미가 직접 고백하지 않았던 말이다.

그러나 주변이 먼저 고백한다.

공동체가 대신 말한다.

그녀의 회복을, 그녀보다 먼저 말해주는 사람들이 있다.

이것이 공동체 안의 은혜다.

회복은 때때로 내 입이 아니라,

내 곁에 있는 사람의 입에서 먼저 들린다.

고난이라는 것은,

큰 슬픔이라는 것은

사람을 고립시킨다.

공동체에서 잘라내어,

그토록 혼자가 되게 만든다.

그러니 실은

공동체도,

내가 마주할까 두려웠던 그 시선들도,

다만 나에게 구원이 임하길 바란다.

하나님의 사랑이

그들을 통해 투영되어

다시 내게 돌아온다.

주님의 사람의 회복은

공동체 전체의 기쁨으로 번진다.

시온의 샘은

작은 웅덩이만 이루지 않는다.

터져 나온 시온의 샘은,

결국 그 일대를 다 적신다.

이제 성경은 이렇게 기록한다.

"나오미가 아기를 취하여 품에 품고, 그의 양육자가 되니"

이 말에는 아무런 수사도 없다.
감정 묘사도, 배경 설명도 없다.
그저 한 줄이다.

그러나 이 한 줄이,
룻기 전체의 감정을 가장 깊이 응축하고 있다.

말하지 않았지만, 그녀는 품었다.
고백하지 않았지만, 그녀는 아이를 안았다.

복음은 그렇게 이어진다.
입에서 입으로만 아니라,
품에서 품으로도.

나오미는 룻기 마지막까지도
감사하지 않고,
찬송하지 않고,

기도하지 않는다.

우리는 끝내 그녀의 고백을 듣지 못한다.
그러나 그것은 부족함이 아니라 완성이다.
왜냐하면
성경은 말보다 행동에,
고백보다 품 안의 생명에 더 신실하기 때문이다.

덕분에 우리는 나오미의 회복의 비결을
섣부르게 추측할 수 없게 되었다.
다행히도 우리는 나오미의 기도나
나오미의 찬양을
그녀에게 임한 구원의 원인으로
오해하지 않을 수 있다.

신앙은,
회복되지 않은 마음 안에서도,
복음은,
그저 주님 곁에서 호흡하는 것만으로도,

하나님의 역사는,
지적 이해가 아닌 관계만으로도,
우리 삶에 뿌리내릴 수 있다.

나오미는 여전히 침묵 속에 있다.
그러나 그녀의 품 안에는
이스라엘의 미래가 안겨 있다.

그녀는 그 아이를 낳지 않았다.
그럼에도 하나님은,
그녀의 품을 회복의 통로로 사용하셨다.

그렇다.
복음은 결국
말이 아니라, 사람이 품고 살아내는 것이다.

말하지 못해도
그 품에 은혜가 담겨 있다면,
그곳이 바로
하나님의 구원이 시작되는 자리다.

7장
복음의 토양

본문 | 룻기 4:18~22

그 끝엔 계보가

룻기가 끝나는 마지막 단락은
뜬금없는 계보가 시작된다.

"베레스는 헤스론을 낳았고,
헤스론은 람을 낳았고…"

갑작스럽게 족보가 펼쳐진다.
이야기의 따뜻한 감정은 사라지고,
사실의 나열만이 이어지는 듯하다.

그러나 이 족보는
그 감정을 무너뜨리는 것이 아니라
오히려 견고하게 다진다.

마치 추수기 황금 보리밭을

사진에 담고,
액자에 보관하는 것처럼
이 계보는 한 사람의 이름으로 닫힌다.
"다윗."

이스라엘의 왕.
하나님의 마음에 합한 사람.
장차 오실 메시아의 그림자.

룻기의 끝은, 다윗의 시작이다.

그리고 그 시작은
룻과 보아스의 만남에서,
더 멀리 가면
나오미의 눈물과 침묵에서 시작되었다.

이 아이는 룻이 낳았고,
공동체가 이름을 주었지만,
나오미의 품에서 자란 아이였다.

성경은 나오미의 이름을
다윗의 족보에는 남기지 않는다.
그러나 우리는 안다.

다윗의 족보는
그녀의 고통과 기다림 위에 놓여 있다.

다윗의 이야기는
왕의 이야기로 시작되지 않았다.

"마라"라 불렸던 한 여인의 시간,
베들레헴에서 모압으로
모압에서 다시 베들레헴으로
그 고난의 시기를 넘어,
품에 안겨 온 생명에서 시작되었다.

성경은 가끔
가장 중요한 인물을
가장 조용히 퇴장시킨다.

나오미는 더는 등장하지 않는다.

대신 아이가 말한다.

아이의 계보가 말한다.

이야기는 그녀를 다시 부르지 않고,

그녀의 고백도 남기지 않는다.

하지만 하나님은

그녀의 이름을

계보보다 더 깊은, 은혜의 심장부에 새기셨다.

그녀를 서사를 끌고 간 인물이 아니라,

이야기가 뿌리내릴 수 있는 토양으로 삼아 주셨다.

복음은 말 없는 자리에서 시작한다

계보란 기억이다.

기억은 선택이다.

누구를 남기고, 누구를 잊을지 결정하는 일이다.

성경의 계보는

단지 혈통의 흐름이 아니라,

하나님의 손길이 지나간 길을

더듬어 살피는 일이다.

복음의 시작은 사건이고,

복음에 대한 인지는

그 흔적, 그 잔향을 느끼는 일이다.

계보에는

보아스도, 오벳도 남았다.

그러나 나오미는 다시 등장하지 않는다.

성경은 이 여인을 칭찬하지 않았다.
그녀의 기도를 기록하지도 않았고,
그녀의 신앙을 분석하지도 않았다.
아무런 평가도 하지 않았다.

그럼에도
하나님은 나오미를 잊지 않으셨다.

이 자체로
우리가 인식한 복음,
그 복음의 잔향과 깊이의
범위가 넓어진다.

룻기 전체를 가만히 뒤돌아보면
가장 많은 감정을 겪은 인물은
룻이 아니라, 나오미였다.

가장 많은 상실과 무너짐을 겪은 자.

가장 길게 침묵한 자.

그럼에도 조심스럽게

하나님의 이름을 다시 꺼낸 자.

그녀는 차마,

스스로를 회복된 사람이라 부를 수 없었다.

그럼에도 하나님은

그녀를 복음을 안을 자로 택하셨다.

우리는 종종 생각한다.

복음은

말 잘하는 사람,

똑똑한 사람,

믿음이 견고한 사람을 통해

전해진다고

오해한다.

그러나 룻기는 외친다.

등장인물들 대신,
울부짖는다.

복음은
말하지 않는 자에게서 시작된다고.
무너졌던 자,
잠잠했던 자,
버티는 것 외엔 아무것도 하지 못했던 자를 통해
복음은 조용히 자라난다고.

신앙은
위대한 삶으로 증명되지 않는다.
오히려,
삶이 망가진 자리에서도
하나님의 신실함이 멈추지 않았음을
보여주는 존재로 증언된다.

복음은, 신앙은
승자의 기록이 아니다.

살아낸 자들,
생존자의 기억이다.

피투성이가 되어도,
희망이 없어도,
불쌍히 여겨주실 하나님을 의지하며
끝내 살아낸
우리의 이야기다.

룻기에서
나오미는 복음의 토양이었다.

말은 없었지만, 품이 있었고
고백은 없었지만, 기다림이 있었고
지혜로운 계획은 없었지만,
그 품 안에 하나님은 생명을 맡기셨다.

우리는 더 많은 말을 하려 한다.
더 분명한 해석을 원하고,

더 강한 확신을 가지려 한다.

그러나 하나님은 때때로
말 없는 자의 자리에서
복음을 자라나게 하신다.

예수님도 그래서,
때때로 침묵으로 말씀하셨다.
말하는 대신 땅바닥에 쓰셨고,
무엇이라 쓰셨는지는
전해지지 않도록 그대로 지워지게 두셨다.

십자가 앞에서
주님은 항변하지 않으셨다.
말을 잃은 어린 양처럼
조용히 죽음을 품으셨다.

우리 모두를 품기 위해서
두 팔을 단단히 못으로 고정하셨다.

멀리서 보는 우리는,
그분의 아픔을 다 알지 못했다.
그 피비린내조차도 몰랐다.

다만 우리는,
그분이 두 팔 벌려
우리를 환영하고 계신다고 생각했다.

하나님은 그 착각 또한
그대로 두셨다.
우리의 해석대로,
그 죽음과 희생을 온전히 이해하지 못하는 우리 또한
그 두 팔로 품으셨다.

그리고 그 복음은,
그 미련한 희생은,
계보가 담기는
종이 그 자체가 되었다.
여백의 정체가 되었다.

당신의 그 형용 못 할
아픔을 전시하신 것이 아니라,
우리의 이름을
그 계보 속에 대신 적으셨다.

족보라는
감정도 감각도 없는
사실의 기록 속에
우리를 담으셨다.

그 족보의 이름은,
주님 보좌 앞, 생명책이었다.

우리의 아픔이라면
지면을 아끼지 않고 적으셨을 주님이
당신 자신의 고통은
그토록 짧게 기록하셨다.

이런 기록의 태도 앞에서,

때로 서글픈 것은

나오미라는 여인의 고통을 잊었듯,
우리는 정말로
주님의 고통을 잊었다는 사실이다.

룻기의 마지막 문장은 짧다.
"이새는 다윗을 낳았더라."

이 한 줄 속에
모든 눈물과 침묵,
모든 실패와 회복,
모든 기다림이
보이지 않게 깔려 있다.

그리고 그 모든 것을 품었던
한 여인의 이름은 남아 있지 않지만,
그녀가 품은 생명은 잊히지 않았다.

복음은 그렇게 전해진다.

설명이 아니라 서사로.

강의가 아니라 삶으로.

말이 아니라, 품으로.

그리고 그 품 안에

우리 또한 품으시려고,

하나님은 자기 아들을 보내셨다.

오늘도 살아계신 그분은,

지금, 이 순간에도

누군가의 믿음 없는 신앙,

말 없는 고백,

눈물뿐인 기다림 안에서

계속 말을 걸고 계신다.

기록되지 않은 이름들

계보에 담긴 이름만이 전부는 아니다.
그 여백엔, 채 담기지 않은 이름의 빈자리가 남아있다.

우리는 누구를 기억하고,
누구를 지나치는가?
누구를 족보에 올리고,
누구를 여백에 남겨두는가?

룻기의 마지막 줄은,
다시 보아도, 한 줄이다.
"이새는 다윗을 낳았더라."

하지만 우리는 안다.
그 한 줄 바깥에,
수많은 숨결이 있었다는 것을.

밭머리에서 함께 이삭을 줍던 여인들,
룻과 함께 물 길으러 갔던 동네 사람들,
보아스를 위한 증인이 된 장로들,
룻을 배려한 소년 일꾼들.

성경은 그들의 이름을 남기지 않았다.
그러나 그 무명의 움직임 없이는
다윗은 오지 않았고,
복음은 피어나지 않았다.

기록은 중심만을 좇지만,
하나님은 가장자리 또한 기억하신다.

우리의 활자가 닿지 않은 자리에,
하나님은 여전히 복음을 숨 쉬게 하신다.

나오미의 품도,
룻의 침묵도,
보아스의 기다림도

모두 그 주변의 무명함 속에서
하나의 생명을 품어냈다.

성경의 여백을 복구하는 건 낯설다.
그러나 실은,
그 최초의 독자들에겐
너무나도 당연했기에,
여백이었다.

그때에는 율법이 생생했고,
복음은 아직 농담이 아니었으며,
사람이 공동체 속에서 살아가는 것이
여전히 상식이었다.

당시에 사람은,
홀로 살 수 없었고,
비난을 받으면 아팠고,
품어주면 따뜻함을 느끼는,
육체에 갇힌 영혼이었다.

그때는 아직
우리를 가둔 스크린 안에
사람의 존재가 담기기 전이었다.

그들에게 룻기는
아직 도표가 아니었다.
섣부른 해석의 대상이 아니었다.
호흡이었고,
살갗이었다.
감정을 가진 사람,
아직 따뜻한 체온이었다.

등장인물은 모두
신학 기호가 아닌, 사람이었고
그들의 울음과 희생은 상징이 아닌,
현실이었다.
그렇게 보는 것이
당연했고 자연스러웠다.

그렇기에, 이제는 새삼스러워진

이야기를 하게 된다.

성경 공부는

계보를 외우는 데에만 있지 않다.

모든 구절을 서기관처럼

기록하고 낭독하는 데에만 있지 않다.

오히려

그 여백을 느끼는 데에도 있다.

그 자리 안에서 숨 쉬고,

함께 울고,

함께 웃고,

공감하고,

위로하는 데에도 있다.

성경과 같은 호흡으로 호흡하고,

성경과 같은 보폭으로 걷는 것.

그것이

우리가 이 말씀을
오늘날에도 살아내는
방법이다.

하나님은 지금도, 우리가 놓친 이름들을 품고 계신다.
주님의 품, 그 자리에
우리 이름도 함께 담겨 있다.

8장
끝내 기억된 이름

나오미뎐 傳

마라라고 부른 사람은

룻기 1장에서
그녀는 말로 자신을 지우고자 했다.

"이제는 나를 마라라 부르라.
전능자가 나를 심히 괴롭게 하셨음이니라."

그 말은 고백이 아니었다.
실은 원망이 어린 선언이었다.

"이제부터 나의 삶은 고통뿐이다."
"나는 더 이상 기쁨이 아니다."
"나는 복음의 대상이 아니다."

그녀는 스스로에게
새로운 이름을,

무너짐의 정체성을 붙였다.

성경에서 자기를 스스로 재명명하는 이는 드물다.
보통은 하나님이 이름을 바꾸신다.
야곱을 이스라엘이라 하시고,
아브람을 아브라함이라 하시고,
사래를 사라라 부르신다.

그러나 나오미는, 스스로 이름을 버린다.
왜냐하면
하나님이 그녀에게 말하지 않으셨기 때문에.

그래서 그녀는
자신을 스스로 지우는 쪽을 택한 것이다.

하지만 이상한 일이 벌어진다.

그녀는 "마라라 부르라"고 말했지만
성경은 단 한 번도

그녀를 '마라'라 부르지 않는다.

그날 이후로도
본문은 계속 이렇게 기록한다:

"나오미가 말하되…"
"나오미가 이르되…"

보아스도,
룻도,
그녀를 '마라'라 부르지 않는다.

그리고 하나님도,
그 이름으로 응답하지 않으신다.
그 청원만은 받지 않으신다.

왜일까.
왜 아무도 그녀의 선언을 받아주지 않았을까.

왜 하나님은
그녀가 던진 이름에 대해
한 마디의 확인도, 거절도, 위로도 없이
그저 침묵하셨던 걸까?

아니다. 그건 거절이었다.

'마라'라는 이름을
거부하신 하나님의 방식,
그것이 바로 룻기 전체를 관통하는 복음의 구조이다.

복음은
내가 나를 어떻게 느끼느냐로 시작되지 않는다.

회복은
내 고백의 농도나
진심의 깊이보다,
하나님의 기억,
하나님의 부르심,

하나님의 의지로부터 온다.

나오미는
자신을 지웠지만,
하나님은 그녀를 지우지 않으셨다.

그녀는 자신을 마라라 불렀지만,
하나님은 여전히 그녀를
나오미라 기억하셨다.

그녀의 고통은
사실이었고,
그녀의 원망은
진심이었다.

그러나 하나님은,
그녀를 그 이름으로 부르지 않으셨다.

왜냐하면

하나님은 감정에 응답하시는 분이 아니다.
하나님은 우리의 일시적 언어에 반응하시는 분이 아니다.
그분은 언약에 신실하신 만군의 여호와이시다.

하나님은 우리 겉 사람의 말에 속지 않으시고,
내면 깊은 곳에 감춰진 진심을 보신다.
나오미는 자진해서 마라가 된 것이 아니라,
사실은 '마라'라는 모욕의 이름에 내몰린 존재였음을
하나님만은 아셨다.

하나님의 지지 않는 사랑

하나님의 말씀, 성경은
그녀를 '마라'라 부르지 않았다.

심지어 룻기 마지막 줄,
계보와 축복이 쏟아지는 장면 속에서도
그녀는 여전히 '나오미'다.

그것은 단지 서술상의 관습이 아니다.
그 이름은 하나님의 입장이었고,
그 분명한 침묵은 하나님의 확답이었다.

신앙의 자리에서 우리는 때때로
자신을 새로 정의하고 싶어진다.

"나는 이제 쓰임 받을 수 없다."

"나는 실패한 사람이다."
"나는 끝났다."
"나는 복음과는 거리가 먼 인생이다."

나오미도 그렇게 말했다.
"이제는 나를 나오미라 부르지 말라."
"나는 마라다."

그녀의 감정은 그 말을 뒷받침했고,
현실은 그 이름을 정당화했다.

그러나 하나님은,
그녀를 '나오미'라 불렀다.
기쁨이라는 이름.
언약의 자리로 되돌리는 이름.

그것은 하나님의 거룩한 고집이었다.

그녀가 자신을 내려놓아도,

하나님은 그녀를 끝까지 붙들고 계셨다.
하나님은 그녀를,
잊힌 자가 아닌 기억된 사람으로,
버려진 자가 아닌 언약의 여인으로 불러주셨다.

성경은 그 이름을 바꾸지 않았다.
그 이름을 고쳐 적지 않았다.

그것이 바로 복음의 위로다.

우리가 우리를 감정으로 해석할 때,
하나님은 우리를 은혜로 기억하신다.
우리가 일시적 무너짐 안에서
신앙을 스스로 포기하려 할 때,
하나님은 영원한 언약으로
신앙을 회복시키신다.

나오미는 결국 살아남았다.
그래서 그녀의 이야기는,

'다윗'이라는 이름으로 끝을 맺는다.

그래서 그런 것일까.

그 혈통을 이어받은 다윗은,
왕이 되어서도,
무너진 자리에서
"여호와여, 나를 기억하소서" 하고 늘 불렀다.

아직 들판에서 양을 치던 시절에도,
피비린내 나는 전쟁터 한복판에서도,
백성 위에 군림한 왕위에서도
그는 끊임없이 여호와를 불렀다.

그는 알았다.
하나님의 신실함은,
그분의 영원하신 기억 속에서
작동하는 힘이라는 것을.

그것은 감정보다 오래가고,

결심보다 깊고,

그 어떤 상황보다도 앞서는 은혜이다.

전지하신 주님

나오미는 마지막까지
자신의 복음을 고백하지 않았다.

"나는 회복되었다"는 선언도,
"하나님은 나를 붙드셨다"는 찬양도 없었다.

그녀는 끝내 말하지 않았다.
그러나 성경은, 그녀를 끝까지 기억했다.

우리는 종종 신앙을
'고백하는 자의 것'이라 생각한다.

그러나 룻기는 조용히 말한다.
신앙은, 고백만으로 증명되지 않는다.

신앙은

붙들린 자에게 남는 흔적으로도 증명된다.

그 흔적은 침묵이고,

그 흔적은 품이며,

그 흔적은 기다림이다.

그리고 때때로,

그 흔적은 내 손목에 찍힌

그분의 손자국이다.

나오미는 서사에서 조용히 퇴장했지만

복음은 그녀를 통과해

다윗에게,

그리고 메시아에게로 이어졌다.

복음은 그렇게 자란다.

빛나지 않는 인물,

말하지 않는 사람,
신앙을 설명할 수 없었던 존재의 삶 한가운데서.

그 안에서 하나님은
당신의 신실하심을 조용히,
그러나 분명히 꿰어내신다.
그렇게 그분의 존재로
우리의 텅 빈 삶을
가득 채우신다.

『나오미뎐』은
한 여인의 회복 이야기처럼 보이지만,
실은
하나님의 기억이 얼마나 깊은가에 대한 기록이다.

우리는 때로
자신을 고통이라 부른다.
그러나 하나님은
여전히 우리를 '희락'으로 기억하신다.

우리가 말을 잃어도
그분은 우리의 이야기를
끝까지 써 내려가신다.

하나님은,
우리가 우리를 포기했을 때조차
우리 이름을 지우지 않으신다.

그러므로
모든 목소리가 그쳐도,
복음은 계속된다.

에필로그
침묵에 피어난 복음

룻기는 룻의 책이 아니다.

다윗의 족보가 아니다.

왕의 이야기도 아니다.

게다가

보아스의 이야기도,

심지어 나오미의 이야기도 아니다.

이 이야기는

한 여인이 삶을 포기했을 때,

하나님이 그 생명을

끝까지 놓지 않으신 이야기이다.

처절한 삶,

상한 갈대 같은 사람도

끝내 붙드신 하나님의 손에 관한 이야기다.

그분의 손으로 말할 것 같으면,

위대한 자의 자리,

결단과 고백의 순간을 기다리시지 않는다.

오히려,

누구도 말하지 못하고

누구도 품을 수 없는

실패와 절규의 자리에서

하나님은 먼저 우리를 품으셨다.

위대한 사명의 사람,

기도하는 사람,

결단하는 사람,

찬양하는 사람,

선포하는 사람이 아닌,

아무것도 하지 못한 나오미를 품으셨다.

그녀로 말할 것 같으면,
주신 이름을 스스로 버렸고,
기도보다 침묵이 많았고,
결단보다 체념이 앞섰다.

언약의 땅을 떠났고,
모든 것을 잃고 돌아왔고,
"하나님이 나를 치셨다"고 말했다.

그럼에도
하나님은 그녀를 버리지 않으셨다.
조금도, 한순간도 놓지 않으셨다.

나오미의 품에 안긴 아기는
그녀가 낳은 아이가 아니었다.
그녀는 회복을 소유하지 않았고,
복음을 설명하지도 않았다.

그녀는

받았고,

말없이 품었고,

주신 것에 조용히 기뻐했다.

그리고

삶이 다하자

말없이 퇴장했다.

우리는 그 이야기를

이제야 돌아보며 알게 된다.

그 침묵 속에,

하나님이 계셨다는 것을.

그 품이 다윗의 뿌리였고,

그 침묵이 복음의 기초였다는 것을.

이 책은,

말하지 못하는 이들을 위한 복음이다.

기도가 막힐 때,
믿음이 식어갈 때,
이유조차 묻기 어려울 때

원망하지 않아서가 아니라,
힘이 없어 원망도 못할 때

그런 침묵조차
하나님이 기억해 주신다면,

그 비굴한 생존도
믿음이 될 수 있다.

그래서 나는
이 이야기를
『나오미년』이라 불렀다.

사라졌으나 지워지지 않은 여인.
말하지 않았으나 들린 여인.

신앙을 전하지 않았으나
신실함의 품이 되어준 여인.

그녀가 걸었던 길을
가만히 따라가 보면,
그 끝에는
사람이 줄 수 없는
하나님의 위로가 기다리고 있었다.

결국, 다 걷고 나니
여전히 그 자리에
십자가가 서 있었다.

"너희 하나님이 이르시되
너희는 위로하라, 내 백성을 위로하라."
이사야 40장 1절